心一堂彭措佛緣叢書・劉兆麒大圓滿譯著文集

修心筆錄

自性大圓滿當面現證不修佛教訣

作者：頓珠法王

翻譯：劉兆麒

書名：**修心筆錄** —自性大圓滿當面現證不修佛教訣
系列：　心一堂彭措佛緣叢書 • 劉兆麒大圓滿譯著文集
作者：頓珠法王
翻譯：劉兆麒
責任編輯：陳劍聰

出版：　**心一堂有限公司**
地址/門市：香港九龍尖沙咀東麼地道六十三號好時中心LG六十一室
電話號碼：(852)2781-3722 (852) 6715-0840
傳真號碼：(852)2214-8777
網址：www.sunyata.cc
電郵：sunyatabook@gmail.com
心一堂 彭措佛緣叢書論壇：　http://bbs.sunyata.cc
心一堂 彭措佛緣閣：　　　http://buddhism.sunyata.cc
網上書店：　　　　　　　http://book.sunyata.cc

香港及海外發行：香港聯合書刊物流有限公司
香港新界大埔汀麗路36號中華商務印刷大廈3樓
電話號碼：(852)2150-2100
傳真號碼：(852)2407-3062
電郵：info@suplogistics.com.hk

台灣發行：秀威資訊科技股份有限公司
地址：台灣台北市內湖區瑞光路七十六巷六十五號一樓
電話號碼：(886)2796-3638
傳真號碼：(886)2796-1377
網絡書店：www.govbooks.com.tw
經銷：易可數位行銷股份有限公司
地址：新北市新店區寶橋路235巷6弄3號5樓
電話號碼：(886)89110825
傳真號碼：(886)89110801
網址：http://ecorebooks.pixnet.net/blog

中國大陸發行 • 零售：心一堂 • 彭措佛緣閣
深圳流通處：中國深圳羅湖立新路六號東門博雅負一層零零八號
電話號碼：　(86)0755-82224934
北京流通處：中國北京東城區雍和宮大街四十號
心一堂官方淘寶流通處：　http://shop35178535.taobao.com/

版次：　二零一三年七月初版，平裝

定價：
	港幣	九十八元正
人民幣	八十元正
新台幣	三百九十五元正

國際書號 ISBN 978-988-8058-90-7

目　　錄

修心筆錄

目
錄

目録

譯 者 的 話

　　蓮師創教，法乳東流，在當代科學與高新技術日新月異的有情眾生，欲求了脫生死，從輪回拔濟，唯有修習蓮師大圓滿教法，破除一切執障，淨除罪垢，臨命終時，即得往生諸佛剎土，而成證覺。頓珠法王，是已成就的上師喇嘛，其弘揚大圓滿法，譽滿全球，誠如蓮師賜教：「吾之教法，五百年後，於南贍部洲，普遍傳授，利樂有情」。頓珠法王所授大圓滿教法，其《修心筆錄》一書藏文版，已由北京中央民族出版社公開出版發行。愚以殊勝因緣，譯成漢文，以方便華文世界有緣學子，瞭解修習大圓滿法，一切有情，共沐法乳。

　　頓珠法王於《修心筆錄》中，以龍樹論師中觀，論述世間一切事物，均在成、住、壞、滅、空規律中，進行運動，亦在對立統一規律中，不斷變化，當一事物（包括有情眾生）存在之時，是謂之色，若不存在，則成為無，或者為空。色空二者辯證關係，是一種概念，亦是二種概念。誠如《心經》所云：「色即是空，空即是色，受、想、行、識，亦復如是……」。對色空不二的辯析，即是密乘大圓滿見「色身融入法界，法界又返

入色身」的修持境界。阿宗寺珠巴仁波切賜教曰：「於修持中，只有堅持空性觀，依光明力不斷前進，淨除五毒塵垢，識才可轉為智，是為大圓滿也」。也就是說，修持之中，淨除我執，不執於色相；我相、人相、壽者相，亦不執於空，求二者融合，是為中道，則可證得究竟圓滿，若執著於相，則會墮於迷失，這便是大圓滿見。

　　愚於翻譯過程中，得到了青海省貴德貢巴紅教寺華青多傑活佛及西北民族大學扎西才讓教授的諸多幫助和支持，華青活佛解文釋義，解決了翻譯中遇到的疑難問題，在此一併鳴謝！

譯者的話

譯者謹識於西元二零零六年七月

贊　偈

法界離邊清淨空悟境，
任運成就身智功德圓，
悲憫調伏神通無盡施，
三身無別自生明頂禮！

無明夢醒增斷證功德，
能滅雜染證悟法教言，
明解二俱僧伽殊勝者，
三勝皈依敬信我頂禮！

鄔金海洲蓮花蕊中心，
超越因緣自生幻化身，
三處空行勇識彩雲照，
第二佛蓮花生作護佑！

無上乘中大車最殊勝，
普賢如來善知識妙法，
調伏一切所持繼承者，
頂禮輪回依怙伏魔主！
化為深義大海證悟境，
定信諸法無邊入心性，
如是所有智慧所照見，
金剛持調伏眾密咒洲，
法輪無垢界中而幻化！

殊勝乘雲推理現淨治，
三處九教訣的法雨降，
邪說野獸眾聚亦驚慌，
頂禮法主眾空行勇士！

三世一切諸佛密精華，
九乘頂佛口訣大圓滿，
遍主伏藏上師不斷言，
上下釋義自珍不攙雜，
親講自他利中樂安立，
法主空行勇士空行母，
護教藏主諸眾而惠賜！

贊
偈

於此，這自性大圓滿的不修教訣佛的教言，而作講
解，講解分支及公開內容含義二者之中，第一講解分
支，即彼而作過去就有執受之根。第二公開講解正文。
共有三章：
一、善的最初義。
二、善的內容含義。
三、善的最終義。

論善的最初義

善的最初義中，首先講解善的名義、供養、緣起等三方面。

一、善的名義：

自性大圓滿教法，首先是地的自性空，由自性空而現於地，和合於水、火、風等之中。外現於器世間自性空，由自性空和合於器世間。現於內心而動的有情自性空，由自性空和合於有情眾生。五妙欲自性空，由自性空外現為五妙欲，因此，盡一切法的自性空是外自性。由輪轉的法蘊和諸生處圓滿而基位圓滿，由乘的殊勝道果，證得之心，由於一切種種不可思議的圓滿而道圓滿，在身和智慧彙集果的二十五種法的大德中，以最初所住而果圓滿。總之，九乘道次第分支，一切果俱足，則會圓滿。如一切乘的經藏彙集一處，聚於一義，彙於心自性，則為大德尊者。如是基位法身處所見，會示現原始普賢如來的心性。正是如此顯現法，於甚深道外觀，才是示現原始心性的教訣。空性道理，本性自見，正是如此，而作判斷，地從原處而取，入定見解脫。另外，因修持中一塵不染而無修。若從無明沈睡中醒悟，由一切智慧功德的心性中增長，如是而住，這殊勝教訣中則會有如是之義。

論善的最初義

2

修持的目的為；殊勝者徹底領悟彙集之義，普通軍人熟悉軍事，弓箭手精通箭法。了知大小諸乘，均屬這一方面。最下等者，猶如藥瓶貼上標籤，是為了容易尋找經函。《入楞伽經》①曰：「若名稱不假立，會變成一切世間愚癡，因此，由怙主善巧方便，給諸法立名。」

二、詮釋供養：

所言供養，是佛最初彙集的教言，從首座法身普賢如來以後，到珊波貝瑪之前的本續中，法身如來藏，猶如芝麻油外溢，若想佛於何處，便是普賢如來的外表。正是如此，若遇新的因緣，而非瞬間因緣而生，是由最初本身自生，會成為最初生死輪回和生死涅槃二者的怙主及眷屬。由怙主五智慧因，化為五種化身之中，智慧化身，於此因中，從法界體性智幻化為佛部剎土，如從大圓鏡智、平等性智、妙觀察智、成所作智，金剛、寶生、蓮花部等，而作連接。似此神通的安立，則是在法身普賢如來意法性中而幻化的宮城。猶如莊嚴世間，人的城市中，如若象徵性表示，則有漢族的冠冕，古印度僧俗之地，婆羅疢斯等等十八種工巧彙聚處，商賈雲集，絡驛不絕，其名城市。諸佛宮城，中央佛部剎土，如恒河沙數，不可思議。東方金剛部剎土，南方寶生部

修心筆錄

3

刹土，西方蓮花部刹土，北方羯磨部刹土，此盡所有，成為殊勝宮城的其中之一。於此殊勝宮城，有如來藏及於此勝解之人，而心相續，眾生與佛，邪魔等等，則無分別，淨信不變，護持怖畏信，不退轉信，等等三種。結集之信，法身如來藏智，清楚識別，得到定見。複次輪回之中，而不退轉，得不退轉正信，敬信頂禮。普通觀行，行拜見禮，修持之中，行習慣禮。最次者，三想與俱頂禮。於己觀中，證得最勝希有，正信了別自境，一時而生，最勝觀禮。云何名為最勝希有不動無分別智？應堅信身、智、道、果的一切法，今世五濁橫流;煩惱濁，見濁，劫濁，命濁，眾生濁等五濁。於最初時，在微煩惱，五毒集於無為，而且總集於任運成就自性明菩提心壇城中，定見成為三身平等，從心性證得敬仰的追求之果。總之，生死涅槃二者，平等幻化，所言之禮，如是而講。

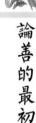

論善的最初義

三、緣起：

所言緣起，共有四種：

1、對道無根器無福德者。

2、不求道者。

3、求道而不證者。

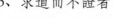

4、對道俱足根器和福德者。

1、對道無根器和無福德者：

無視習氣中，而有睡眠之態。今世，是煩惱粗分及五毒、動蕩、糾紛、爭鬥、污濁盛行之時，是煩惱濁。最初賢劫，以常斷邊行，全無正見。今世亦復正見邊墮，斷邊亦墮，常斷二邊全未消亡，是名見濁。最初賢劫，爭鬥、疾病、刀兵、災荒、饑餓等等，一點亦無。由於今世戰亂，爭鬥、疾病、刀兵、災荒、饑餓等等，是名劫濁，為疾病流行之濁。初賢劫時，人壽無量，無不活到八萬歲。而於今世，人生只活到二十至三十歲，不滿四十歲，所以而有命濁。初賢劫時，一切有情眾生，應一一專注，對於人壽、疾病，應無以笑眼而觀，無以溫雅語相迎，無以饒益心護持。如今世所見，有情專注壽命、疾病，為主要怨敵。粗言惡語，相續撥弄是非，生起糾紛，毆打、殺戮之行聚集，為眾生濁。於此五濁惡世，是諸有情，兇狠殘暴，造諸惡業。憑藉權勢，為非作歹，視此人生，僅為睡眠之所，而非有緣。於此貪著愛染，遠離慧心。常常安於現狀，損人利己。疊疊壁壘，墾荒辟地，積攢和受用資財，造作稼穡。未來追求，忘之腦後，一切全無。因此原因，為了追求解

修心筆錄

脫與遍智品位，猶如白晝之星，非見內裏。是諸一切，是無根器，無緣學道之人。

2、不求道者：

如若命終，或想起死回生，不喜修密法，身不結印，語不念誦，心不作善加行。這樣，於壽終後，而非追求善趣人天及佛果位。如此等等，是為不求道者。

3、求道不得者：

求道不得者，亦非少數，他們不領悟空性觀，僅執著於外器世間無記[2]與內自身無記中間，彼心斷絕空性，於分別心中修道，或不觀心。這猶如上師遇見愚人，身、語、意的九行動搖之後，住於無為之時，應捨棄欲界之樂，色界之相，無色界無常等等三態。即彼隨一生起時，應修究竟，正見而俱，以此果捨棄欲，色身佛相，細緻思考遍智道，僅為毛端，離修道甚為遙遠，如是種種，是求道不得的人。

4、有緣求道者：

求道有緣份者，從無量劫以來而積集的廣大資糧，以善願連接，從勝義法入於緣份，若有願力，於此福德、威儀灌頂緣中，便是伏魔金剛教法。與大圓滿法無緣者，由於不能控制一切業緣。於大圓滿法中，若把無

罪說成有罪，以無為有，把有功德歪曲為無功德。是諸
種種，因光明大圓滿法是能夠轉化和逃避業和內心的曠
野。如是，與彼緣份相同的是諸眾生，應首先依此教
法，對事物進行詳察細審，最終從熟悉之門，認識萬物
生死輪回與涅槃總集的一切法為大空性自性，證悟於唯
一增長的大空性中。唯有辨析大空性的輪圍狀態，是以
上最初善的名義。

修心筆錄

論善的最初義

講授善的內容含義

修心筆錄

一、概論心性部：

在講授善的內容含義中，自性是最殊勝的。這自性大圓滿法中，共有心性、法界、竅訣三部③；即安住心性部，無為法界部和甚深竅訣部。

二、無上大圓滿密的增上竅訣：

1、安住心性部的觀點：

是對心性的追求，應觀察身、語、意三者之中，以何為主？心從何處生？向何處去？詳察形、色等等方面，是明現二者無別的光明心性示現的究竟緣境。是唯願心性與明二者融合的究竟觀點。

2、無為法界部的觀點：

是對界和內明不二和合的觀點，是修習究竟法界光明和合的究竟關點。

3、甚深竅訣部：（從略）。

一、無上大圓滿密的增上竅訣：

甚深竅訣部亦分為外密、內密、秘密、無上大圓滿密等四部，其名曰無上甚深竅訣部。如修這勝義法，根本見是修持的抉擇和修道的方法。這二者的法侶，是修、行、道、果四種。

1、以根本見修習抉擇：

講授善的內容含義

根本見中，猶如大鵬向下飛翔的教法。例如妙翅大鵬之王嘎若扎④在虛空上面，若有人傷害它時，它則會躲入最高虛空的鳥道隱蔽，以觀察有無保護妙翅大鵬者，以消除對它的傷害。在決定有人傷害它時，應毫不猶豫地扭轉危局。這是從觀的方面而修的尋求之喻。從無、同、平等、任運成就四種法門，以萬物情世生死涅槃彙集的一切法而抉擇，猶如於三身平等性內而作證悟，是要點的寶貴之處。

修心筆錄

（1）無的抉擇法：

首先是無為行持；是所執之我，於無我中作抉擇和能執之我，於無我中而作抉擇等二種情況。

A、所執之我，於無我中而作抉擇：

於此抉擇中，如此之人，訓釋字義，二障習氣等等相續，成為取蘊⑤之處。稱為我有漏者，僅現為白晝之相，眠現中有、後世等諸種中，顯現無我心性習氣，在睡眠中，稱曰人我。隨即無中，而執於我。在無我中而執於我的心性習氣，於睡眠中，了知未來識和虛妄分別，便於心中分明顯現出來。在此所執之人，稱曰我執。如是執於我之心性，是唯一自性因無明及從此境和有境互異所執的無明心。其在生出的無明和從此內外情器世

11

間示現的一切法中，各所立名，持不同義，執於各種實有，在此，則是所言假立無明。由三種無明的作用，顯現於三界輪迴中而迷惑。束縛之因，是執於我之魔。聖賢殊勝羯磨洲曰：「執於我之魔，是三界輪迴中主要之魔。」所以，應斷我執之根，是故稱之曰我。到達於地，稱之曰我，從此心想，是從虛空向下顯現否？若這虛空是我，則是由我而生，若非虛空是我，則我不生，若非如是，不生微塵。猶如火生火花，風生涼爽。若在虛空是我，則是從我而生，若虛空非我，則不生我。若非是地，不生微塵，若非是水，不生水滴，若非是火，不生火花，若非是風，不生涼爽。若非是空我，便不生我。若想從地、水、火、風，四大之界，而生我否？則于地、水、火、風四大之中而生我。猶如地生微塵，水生水滴，火生火花，風生涼爽。若于地、水、火、風四大之界，便是從我而生我，若非地、水、火、風四大，便不生我。若非是地，不生微塵，若非是水，不生水滴，若非是火，不生火花，若非是風，不生涼爽。若於地、水、火、風四大中無我，便不生我。如是從外五大而不生我。若想人實有存在而不生我，則從實有存在而無實有我，則不能生起生死流轉。若在實有我中，我的形色等等，眼中可見，以勝義手持，應

講授善的內容含義

該是有，此者非有。如若心想從自身內生起？如觀察頭上髮稍以下，足趾尖以上，從這裏生起，所想之處一定不能找到，所以，這稱曰我。應先抵達無源頭之地，一定住於中間之處。若想所處中間之地，五大之界，無住於我。若住於我，調伏五大壞滅之時，入於內身，大汗淋漓，亦非生起。若觀察自身，頭稱之頭，不執於我，從所言骨，而非稱我。如是從所言眼，而非稱我。所言鼻中，而非稱我，所言耳中，亦非稱我。所言舌中，亦非稱我，所言牙中，亦非稱我，所言腦中，亦非稱我，所言肉中，亦非稱我，所言血中，亦非稱我，所言黃水⑥，亦非稱我，所言經脈，亦非稱我。諸如此類，所言自己名稱，亦非稱我。

復次猶如手中，所言手名，亦非稱我，所言肩胛，亦非稱我，所言臂膀，亦非稱我，所言前臂，亦非稱我。如是所言脊椎，亦非稱我，所言肋骨，亦非稱我，所言胸，亦非稱我，所言肺，亦非稱我，所言心臟，亦非稱我，所言肝架，亦非稱我，所言肝臟，亦非稱我，所言脾臟，亦非稱我，所言腸，亦非稱我，所言腎，亦非稱我，所言尿液，亦非稱我，所言糞便，亦非稱我。如是所言足，亦非稱我，所言腿，亦非稱我，所言臀胯，亦非稱我，所言腳面，亦非稱我，所言手指，亦非

13

稱我。諸如此類之外表，亦非稱我。所言中間肉脂，亦非稱我，肉中之骨，亦非稱我。所言密處，亦非稱我，所言識，亦稱為識，而不執我。因此，中間所依之處，定是無我。

最終到達之境，猶如所言，最終到達之境，必然而有。應想我從生處舍離之時，定無去處，若有去處，白晝顯現的我和夢境顯現的我，二者為一，亦為二者。一為昨夜夢境的我，因石、杖擊打而發腫，被兵器刺傷。今日白晝，亦復有傷在身，此者非有。分別想中，一年之內，有三百六十個晝，三百六十個夜，晝夜一共有七百二十個。身於此中，亦已應有七百二十個。正是如此，如成為死屍，在所有東南西北，四面八方，這屍應在何方？此者非有。於那些未死者中而有復活者，亦為如是，我何之有？若有，真實之目可見，勝義之手而持，應該存在，現於根門，此者非有。若想無方向行走？無我者，去於無之界，無有形色。如若存在，應存在於諦實有。此者，昔前已經抉擇，而沒找到，現今尋找，則無變化。最終到達之境，所有之我散滅。

於此原因中，稱之曰我，若不顯現有，則眼睛有病。於虛空中，猶如髮縷微細，亦要顯現。所言是諸名

14

相，猶如稱其兔子長角，不可能有。猶如所言空中紅蓮，諦實有者，僅僅極微塵分子，亦非有之。一切行為，由輪迴根，如無我和我所⑦，斷惑亂迷失之根，以上執我者，應斷除我及無我。

B、能執之我，於無我中而作抉擇：

a、尋找命名處

法所認識的外境，抉擇無我，亦有四種：

無一切諸名，而假立言，所執之有，唯無所見，是唯一了知一切假立無所見。復次何故稱之頭？假立所表示為何？因色身形成，先生出頭，主體形生成之後，依次形成色身。所以，頭在人身上是圓形，憑感覺是頭，猶如豆子和小球等等，所有圓形名中，不應執於頭。以上所教，應想頭是假立之名。虛空上下，若假立名，則無虛空上下。若想虛空呈蔚藍色，大多經典曰「須彌山南，有琉璃光海，是其放出之光，升起的蔚藍色。」有的經典曰：是深廣虛空的蔚藍色。猶如種種小溪，現出水的本色，若是深水，則現蔚藍色。若從水壺中取出之水，顏色則淡。如觀深水，則是深藍色，若是從水壺取出之水，便不是深藍色。如是，深廣虛空，則呈現深藍色。為此而觀，虛空示現，是真實不虛的教言，是大圓

滿所教佛法。現今所言，人中意趣，一概皆無。大部分典籍認為；若弒父母，則無間業。在消除阿闍世王⑧憂傷的賜文中，二藏扎堅王（二淨行王）吉達卻增和次赤達哇卻增規定；在一國家所轄地區，若有弒父母者，便犯無間罪。於此，而非上下，一定應有法律。在此情況下，能夠建立在頭的命名處而存在。髮稱曰髮，而非稱頭，髮梢名曰髮梢，而非稱頭，髮梢名曰髮梢，而非稱頭。髮根名曰髮根，而非稱頭。皮膚名曰皮膚，而非稱頭。骨名曰骨，而非稱頭。耳名曰耳，而非稱頭。舌名曰舌，而非稱頭，如是各異，而非稱頭，一同彙集，而名曰頭，皆為心想。有情眾生，生命壞滅之頭，若被砍斷，塵落，微塵亦落，但微塵不一定滅。南贍部洲，人中所教，所言微塵，不執於頭，即彼猶如用水揉和的泥，其稱曰泥，不執於頭。白晝顯現之頭及夢境顯現之二種頭，是一種頭，亦是二種頭。是一種者，猶如心想，昨夜夢境，你的頭被石頭和棍棒擊腫，用兵器刺傷，這是今天白晝的頭，此者，有而非有，存在而不存在，亦為各異。一年之中，有三百六十個晝，亦有三百六十個夜，晝和夜共有七百二十個，於此，頭也有七百二十個。若有，猶如多羅樹的葉子堆集，應有內外

形狀。若有，真實之目可見，勝義之手而持，現於根門。此者，有而非有，存在亦不存在。因此，所稱之頭，僅為所言，住於自身無境之狀，則是可以辯識的原因。如是目中所現，心想存在，能夠存在，則建立於眼睛的命名處上。如是雙目之中，亦有一對眼珠，而非稱眼，皮膚之表，稱之皮膚，而非稱眼。淚水之中，稱之淚水，而非稱眼。眼根之中，稱之眼根，而非稱眼，所言諸種，為自己立名，而非稱眼。如是各異，不執於眼。心想共聚一處，假立名眼。有情眾生生命壞滅之眼，塵落，微塵亦落，微塵分子消散之後，為南贍部洲人們所說微塵，所以，不執於眼。即彼所教，由水揉和之泥，稱之曰泥，而不稱曰眼者，想是所見色相，而假立名。生命多次形成和壞滅之眼取得之後，應留下有情不能看見的眼影，此為可見之色，而不能見。夢境所現之眼及白晝所現之眼，是二種眼，亦是一種眼。若是昨夜夢境時夢見眼睛不盲，而於今日白晝眼睛復盲，此者非有。若於昨夜夢境之眼可見種種不同顏色，而於今日白晝，色不可見，復次心想各異。一年三百六十個晝，三百六十個夜，晝夜共有七百二十個，在此，眼應有七百二十個。若如是，從無始以來，這些眼睛猶如多羅

修心筆錄

17

樹葉，重選堆集，這是上下的形態。而且猶如許多樹皮，表面堆集，應有內外的形態。若有，真實之目可見，勝義之手而持，現於根門，而應存在。此者，有即非有。於此，若心想我的眼睛已盲，以後便不見形色。若想你開始所見形色，是由我的眼睛，中間由於我眼睛已盲，形色而不可見，最終生出不見形色之相。今日白晝，閉目之後，眠時夢境，可見種種形色，因此白晝時之眼睛是不能看見形色的。如是，於中有及後世諸時，有今世屍，毫不遺留，所見中有和後世形色，是由自己心識最初之知。僅只所見自己形色之後，如水泡之目，這一形色，而非所見。因此，佛薄伽梵曰：「眼識無邊」。耳朵等等，亦非是耳。如是耳的命名處之上，若想能有確立，則便是有。猶如耳為空心者，稱曰空心，而非是耳。耳的皮膚稱曰皮膚，而非是耳。耳肉稱曰耳肉，而非稱耳，筋脈稱曰筋脈，而非稱耳，血稱曰血，而非稱耳，黃水稱曰黃水，而非稱耳。諸如此類，稱自己名，而非稱耳。心想各自分開，不執於耳。共同聚集，耳名假立，有情眾生生命壞滅之後，塵落，微塵亦落，微塵分子散滅。南贍部洲的人們，依佛言教而言塵，不執於耳。即彼用水揉和成泥，稱之曰泥，而非稱

講授善的內容含義

18

耳。若想是因聞聲，假立耳名。生命多次形成和壞滅之耳取得之後，有情眾生耳聾之耳，應該聞聲而不能聞聲。此中，白晝現形之耳和夢境之耳，是一種耳，亦是二種耳。其一種耳，是昨夜夢境，你的耳聾在夢中，今日白晝不是聾耳，此者即為非有。昨夜夢境能聽到諸種聲音，而在今天白晝卻不能聞聲，復次各異，而為心生。一年之中，有三百六十個晝，亦有三百六十個夜，晝夜共有七百二十個。于此，耳亦應有七百二十個，若如是，是從無始以來，遇到的這些耳。復次猶如許多多羅樹皮堆集，應有內外之態。若有，真實之目可見，勝義之手而持，現於根門，此者，有即非有。若想我耳聾後，不能聞聲，心想你最初能聞聲之耳，我耳已聾，不能聞聲，最終僅只生成不聞聲之相。今夜閉目，夢境之中不能聞聲，而在今日白晝，此耳則不能聞聲。如是中有和後世諸時，已棄今世之屍，中有和後世亦能聞聲，這僅僅是自心本來之識，由自己聽到自己之聲，實則非有。因此，佛說：「耳識無邊」。

鼻亦如此，能確立鼻的命名處，是心所想而存在。鼻是空心，則稱空心，而非稱鼻。皮膚稱曰皮膚，而非稱鼻，骨稱曰骨 而非稱鼻，肉稱曰肉，而非稱鼻，

筋脈稱曰筋脈，而非稱鼻。是諸一切，是它自己所言命名，而非稱鼻。如是各異，不執於鼻，聚集一處，若是心想，假立名鼻。有情眾生生命壞滅之後，塵落，微塵亦落，微塵分子消散之後，居於南贍部洲之人，佛教所言微塵，而非稱鼻。即彼用水揉和之泥，稱之曰泥，而非稱鼻。因嗅氣味，心中感受，則名曰鼻。生命多次形成和壞滅之鼻，所取之後，有情眾生之鼻被割，不能嗅味，於此，白晝所現之鼻和夢境之鼻二者，是一種鼻，亦是二種鼻。云何謂一種鼻？因為昨夜夢境，你的鼻被割去，是在夢中，而於今日白晝，仍然存在，此者，有亦非有，存在而不存在。若於今日白晝，鼻被割去，而在昨夜夢境，能嗅到諸種氣味，今日之鼻，嗅不到氣味，復次各異，而由心生。一年之內，有三百六十個晝，亦有三百六十個夜，晝夜共有七百二十個。如是，是無始以來所遇之鼻，猶如多羅樹葉堆集。上下之態，猶如多羅樹皮堆集，應有內外姿態。若有，真實之目所見，勝義之手而持，現於根門，此者，有亦非有，存在亦不存在。於此鼻被割斷的道理中，若嗅到氣味，則由心生。你最初嗅到氣味，則心想這是我鼻，若鼻被割，以後便不能嗅味，亦由心生，最終必然嗅不到味。今日

講授善的內容含義

白晝閉目，於夢境中，能嗅氣味，夜間則嗅不到味。如是在中有及後世諸時，已棄今世之屍而死，中有及後世之時，若嗅氣味，這僅僅是自己最初之識，自己之味自己感受到了。因此，佛說：「鼻識無邊」。

舌亦如是，依此類推。認為能夠確立舌的命名；肉稱曰肉，而非稱舌，筋絡稱曰筋絡，而非稱舌，諸如此類，均為自己所言名相，不執於舌，各自互異，不執於舌，聚集一處，而由心生，舌名假立。有情眾生生命形成和壞滅時，舌斷之後，塵落，微塵落，微塵分子消散。南贍部洲人們，從所言塵的教言，不稱曰舌。正是如是，猶如以水揉和之泥，亦稱曰泥，而非稱舌。用以嘗味，舌假立名，是由心生。生命多次形成和壞滅所取之舌，在陳列有情眾生舌斷後之舌迹中，應該嘗味而非嘗味。於此，白天現形之舌及晚上夢境中舌，二者是一種舌，亦是二種舌。一種舌者，是由昨夜夢境中，此舌已斷，這時，你的舌斷，是在夢境，今日白晝之舌，斷後而存在，此者，非有即有，不存在即存在。今日白晝之舌已斷，昨夜夢境，能嘗種種味，於今日白晝，不能嘗味，復次各異，是由心生。一年之中，有三百六十個晝，亦有三百六十個夜，晝夜一共七百二十個。如

修心筆錄

是，舌亦應有七百二十個，若有，則是無始以來所遇之舌。此諸一切，猶如多羅樹葉堆集，上下之理，亦如多羅樹皮堆集，應存在內外之態。如是，真實之目可見，勝義之手能持，現於根門。此者，有即非有，存在亦不存在。於此，若舌被割斷，心想今後便嘗不到味，想我最初嘗味者，是我的舌，接著想我的舌被割，不能嘗味，最終僅是嘗不到味之舌。今日白晝閉目，夢境能夠嘗味，而於夜間，一點味都不能嘗。如是中有及後世諸時，已棄今世之屍，舌已壞滅，所以中有及後世能夠嘗味，是由今日最初心識，由自己之屍，自己去體察感受，此者，有即非有，存在而不存在。因此，佛說：「舌識無邊」。

如是，手等諸如此類，亦是非有。於手的命名處，唯由心生，而能確立;肩胛稱曰肩胛，而非稱手，肩膀稱曰肩膀，而非稱手，前臂稱曰前臂，而非稱手，指節稱曰指節，而非稱手，肉稱曰肉，而非稱手，皮膚稱曰皮膚，而非稱手，骨稱曰骨，而非稱手，足稱曰足，不執於手。如是各異，不執於手，一起聚集，手為假名，而由心生。有情眾生生命形成和壞滅之後，手斷則塵落，微塵亦落，微塵分子消散之後，南贍部洲諸人，所言之

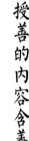

塵，不執於手。正是如此，猶如由水揉和之泥，其名曰泥，非稱曰手。此中，想是由人假立其名，若無此手，則無作用。昨夜夢境之手與今日白晝之手，二者是一種手，亦是二種手。何謂一種手？因昨夜夢境，你的手殘廢，是在夢中，今日白晝，此手而非殘廢，此者，有即非有，存在而不存在。若是今日白晝，這手殘廢，昨夜夢境耕田、建房、稼穡諸行，亦在夢境。若是今日白晝，卻不能用這手勞動，所以，各自而異。一年之內，有三百六十個晝，亦有三百六十個夜，晝夜一共有七百二十個，為此，手也應有七百二十個。若如是，是從無始以來到如今所遇的這些手，亦如多羅樹葉堆集，上下之理，亦如多羅樹⑨皮堆集，應有內外之分。若有，真實之目可見，勝義之手能持。此中，認為我手殘廢，今後則不能勞動，認為你最初能夠勞動，是我的手。接著，由於我手殘廢，而不能從事勞動。最後生出不能勞動之相。今日白晝，閉目之後，夢境之中若能勞動，夢醒便感到不能勞動。中有以及後世諸時，至今已棄屍而亡，中有及後世能夠勞動者，僅為自心最初之識，自己行為，自己而作，實則非有行為，因此，手的命名處亦無。

修心筆錄

如是，認為確立肩胛骨的命名方面;皮膚稱曰皮膚，不稱肩胛骨，肉稱曰肉，不稱肩胛骨，骨稱曰骨，不稱肩胛骨，依次各異，而不執於肩胛骨，一同聚集，稱肩胛骨。有情生命形成和壞滅之後，所持肩胛骨，塵落，微塵亦落，微塵分子消散。南贍部洲諸人，所言之塵，不執於肩胛骨。正是如此，猶如用水揉和之泥，所謂泥者，不執於肩胛骨。此，肩胛骨的命名處亦無，空而不實。

如是，認為確立臂膀的命名方面;所稱曰肉，不稱臂膀，所稱曰骨，不稱臂膀，所稱皮膚，不稱臂膀，所稱曰足，不稱臂膀。諸如是類，為自己命名，不執於臂膀。如是各異，不執於臂膀，同聚一處，為假立名。有情眾生生命壞滅之後，所執臂膀，塵落，微塵落，微塵分子消散。顯現於南贍部洲諸人，所言塵，不執於臂。即彼用水揉和之泥，所言泥者，不執於臂，因此，無臂膀的命名處。

如是，認為能確立前臂的命名方面，肉稱曰肉，不稱前臂，皮膚稱曰皮膚，不稱前臂，骨稱曰骨，不稱前臂，足稱曰足，不稱前臂。諸如是類，是言自己之名，不執於前臂。如是各異，不執於前臂。一同聚集，而假立名。有情眾生生命壞滅，臂折斷後，塵落，微塵落，

微塵分子消散。顯現於南贍部洲諸人，所言塵，不執於前臂。正是如此。用水揉和之泥，亦稱曰泥，不執於前臂。因此，前臂的命名處亦無。於命名諦實有中，甚至連極微塵分子亦不存在。

身蘊等等，亦為空無。認為能夠確立身蘊的命名方面;於脊椎中，所稱脊椎，不稱身蘊，所稱胸脯，不稱身蘊，所稱骨，不執身蘊。在心臟中，所稱心臟，不執於身蘊，所稱肺，不執於身蘊，所稱肝，不執於身蘊，所稱肝架，不執於身蘊。所稱脾，不執於身蘊，所稱腎，不執行身蘊。所稱腸，不執於身蘊。諸如是類，所稱自己之名，不執身蘊，各個互異，不執於身蘊，一同聚集，是假立名。有情眾生生命壞滅之屍，而取立名，所稱屍身，不執身蘊，即彼塵落，微塵落，微塵分子消散。現于南贍部洲諸人，所言塵，不執身蘊。用水揉和之泥，所稱曰泥，不執身蘊，因此，身蘊立名，是空無的。

足之立名，亦不存在。若能確立足的命名；所稱髖骨，不稱曰足，所稱大腿，不稱曰足，所稱手足長骨，不稱曰足，所稱足背，不稱曰足。是諸一切，表面皮膚，不稱曰足，中間之肉，不稱曰足，肉內之骨，不稱曰足，一同聚集，假立足名。有情生命壞滅之後，足斷

修心筆錄

塵落，微塵亦落，微塵分子消散，現於南贍部洲人們，塵落，不執於足。即彼用水揉和之泥，其名曰泥，不稱曰足。因為來去行走，住者是足，所以認為；若無足，則不能來去行走。夢境之足及白晝之足，是一種足，亦二種足。一種足者，昨夜夢境，你足殘廢，是於夢中，今日白晝，你足應殘廢，此者，有而非有，存在而不存在。如果今日白晝，此足殘廢，昨夜夢境能夠來去行走和跳舞，但於白晝，卻不能來去行走，所以，各自而異。一年之中，有三百六十個晝，亦有三百六十個夜，晝夜共有七百二十個。於此，足亦應有七百二十個。若有，是無始以來的這些足，亦如多羅樹葉堆集，應有上下之分，如有，真實之目可見，勝義之手所持，現於根門，此者，有亦非有，存在亦不存在。如是，這足若殘廢，今後則不能來去行走。最初能來去行走，便為我足，以後足殘，則不能來去行走，最終現出不能行走之相。今日白晝閉目而眠，夢境之中，能來去行走，今日白晝之足，卻不能行動。於中有及後世之時，棄今世屍而亡，中有和後世行為，僅由自己最初之識，於自己身內，由自己控制，而實非行動。因此，足的命名處是空無的。

髖骨的命名方面：若想形成外觀姿態，其中之肉，

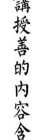

講授善的內容含義

26

是稱曰肉，不執於髖骨。皮膚稱曰皮膚，不執於髖骨。骨稱曰骨，不執於髖骨。筋脈之中，稱曰筋脈，不執於髖骨。諸如是類，各自名相，不執於髖骨，各自分開，亦不執著，一同彙集，是為命名。生命形成和壞滅的髖骨折斷，粉碎為末，化為極微塵後，盡現於南贍部洲的人們面前，稱曰微塵，不執於髖骨。即彼用水揉和之泥，是名曰泥，不稱髖骨，因此實際無髖骨的命名處，是為空無。

於大腿的命名處方面，想可形成外觀姿態，於外皮膚，稱曰皮膚，不執於大腿。中間稱之曰肉，不執於大腿，裏面之骨，稱之曰骨，不執於大腿。筋脈之中，稱曰筋脈，不執於大腿。密處骨中，稱之曰骨，不執於大腿。各自分離，不執於大腿，一同彙集，是為命名。生命形成和壞滅之後，大腿斷裂，粉碎為塵至極微塵，盡現於南贍部洲的人們，其名微塵，不執於大腿。即彼用水揉和之泥，稱之曰泥，不執於大腿。因此，實際無大腿的命名處，是為空無。

在手足長骨的命名方面，如想形成外觀姿態，外表皮膚，稱曰皮膚，不執於手足長骨，中間之肉，不執於手足長骨。筋脈之中，稱曰筋脈，不執於手足長骨。密

修心筆錄

處骨中，亦稱曰骨，不執於手足長骨。若如是，各自分開，不執於手足長骨，一同彙集，是為命名。生命形成和壞滅之手足長骨，折斷之後，粉碎為塵，至極微塵，展現於南贍部洲的人們，是名微塵，不執於手足長骨。即彼用水揉和之泥，亦名曰泥，不執於手足長骨。因此，手足長骨的命名，實際亦無。

外界之山等等，亦非是山，若外器世間裝飾為山，則命名山。如想山的外觀姿態，於土之上，稱之曰土，不執於山。山上之草，其名曰草，不稱曰山。木中稱名曰木，不稱曰山。石名曰石，不稱曰山。山洞之中，名曰山洞，不稱曰山。水中稱名曰水，不稱曰山。濕地之中，名曰濕地，不稱曰山。各自分開，不執于山，一同彙集，是名為山。山的一部分坍塌，展現於南贍部洲的人們，則稱土塊、石塊，不執於山。即彼粉碎為塵，乃至微塵，無方分微塵。盡現於南贍部洲的人們，其名微塵，不執於山。用水揉和之泥，亦名曰泥，不執於山。因此，實際無山的命名處。

宅舍房屋，亦不存在。在宅舍的命名方面，如想得到宅舍的外觀姿態，土名曰土，不稱宅舍，石稱曰石，不稱宅舍。牆壁名曰牆壁，不稱宅舍。支柱名曰支柱，

不稱宅舍。椽名曰椽，不稱宅舍。屋梁名曰屋梁，不稱宅舍。如是，屋外名曰屋外，不稱宅舍，屋內名曰屋內，不執於宅舍。各個分開，不稱宅舍，一同彙集，是名宅舍。諸如是類，宅舍坍塌之後，展現於南贍部洲的人們，亦名土塊、石塊，而非宅舍，即彼破碎，化為微塵、極微塵後，展現於南贍部洲的人們，是名微塵，不執於宅舍。用水揉和之泥，亦名曰泥，不執於宅舍。若如是，實際無宅捨命名處。

人及馬、狗等等，亦如是言。人及馬、狗命名，如想得到它們的外形姿態，則為；眼名曰眼，不執於人及馬、狗。耳名曰耳，不執於人及馬、狗。鼻名曰鼻，不執於人及馬、狗。舌名曰舌，不執於人及馬、狗。諸如是類，皮膚名曰皮膚，不執於人及馬、狗。肉名曰肉，不執於人及馬、狗。血名曰血，不執於人及馬、狗。其內之骨，名之曰骨，不執於人及馬、狗。密處之骨，其名曰骨，不執於人及馬、狗。脈名曰脈，不執於人及馬、狗。筋名曰筋，不執於人及馬、狗。識等等之，亦稱各自之名，不執於人及馬、狗。因此，亦無人及馬、狗命名處，依照空性，一切由是而現。

是諸實體，如鼓名相；木名曰木，不執於鼓，革

名曰革，不執於鼓，外觀名曰外觀，不執於鼓。其內名曰其內，不執於鼓。若如是，鼓的命名亦無。由是，刀以鐵制，其名曰鐵，不執於刀，刀刃名曰刀刃，不執於刀，刀背名曰刀背，不執於刀，刀尖名曰刀尖，不執於刀，刀柄名曰刀柄，不執於刀，因此，刀的命名處亦無。名自變化時，若以刀鑿，鑿時不名曰刀，以鑿為針，其名曰針，不名曰鑿。若如是，昔前所有名相亦無。若一蘆草內空，應知一切為空，因此，實事之中，一切從心命名，僅存在諦實有極微塵分子，但願能悟壞滅道理。如是稱為人我，若尋找名相，此二者是能依我的上師觀世音菩薩於夢境授記，為我證悟。

於是，從空性現分緣起變化的升起情況，猶如鄔金蓮師示現，如若拜見鄔金海生金剛智慧化身時，由其講解現分幻身，所遇口訣緣起。於此，由大鄔金上師講解如幻陽焰，夢境光影，尋香城回聲，猶如水月，如幻泡影，搖曳變化，猶如所知幻化十譬，使汝了知生死涅槃諸法。所講緣起幻化十喻為；以基位因界瑩淨清澈生起之力為因，以了知人我所執和生起的分別心為緣。此二者因緣和合時，如若不能生起各種緣起法界大海光明，於一切所依中，所依於能依之處，可以連接能夠連接之

處和各種法界大海無二光明雙運。一切生起，於生起中，如無所見各種法界大海，猶如幻化，幻化之人，或於恐怖荒原，或於荊棘，或於碎石瓦礫，或行於高山深谷，會聚許多熱鬧人群，遊戲歌舞，幻化實物密咒，拋向虛空。觀想者，猶如騎手，一日賓士十八里，環繞大草原中心，有正方形宮城，四門九頂，臺階十樓，外鐵圍山，種種珍寶砌成，環圍之中，有十八工巧明者。所有大地，而有白色、紅色、黃色、綠色、藍色之花充滿，飛禽走獸，毛色華美，藏、漢、蒙三民族諸眾，馬和大象等等，會聚一處，不可思議，如是示現彼諸嬉戲者之目。復次從因緣所遇緣起而生，虛空遊動，清沏明淨，適可生起。有作用者，以對方生出眼睛形狀相宜作用為因，以幻化實物密咒神通。

b、實有常執入滅

實有常執入滅，亦為由持明伏魔金剛無能勝而能照見；持明伏魔金剛現證認為；金剛者，不從因緣生起，無有遷流變化，這義之中，是觀虛空性。變化者之意為緣，此二者因緣和合之時，猶如生起緣起幻化而無所見。一切所依，如若能依，能依虛空。連接者，則連接虛空和幻化光明無二雙運。一切如若生起，猶如生

31

起幻化而無所見。如若示現之一切法而能連接。於此，外境示現廣大情器世間，內境示現內動情世有情眾生，中間五妙欲境，莊嚴端妙。如無此諸一切，我執根識顯現，猶如陽焰。復次從因緣和合緣起而生，以明淨虛空適宜生起之力為因，以大地濕處彙集為緣，此二者因緣和合時，生起猶如所依連接陽焰之相，而不存在。一切所依中，如若能依，則能依虛空。如若連接，則連接虛空和陽焰之相無二雙運。一切如若生起，猶如生起不存在之陽焰，顯現於留戀夢境。復於夢境，外現廣大情器世間，內動情世眾多有情，中間五妙欲境，莊嚴端妙，此諸一切，是為夢境。若有其他對境，則執於不思諦實有。如是修建的宮城，開墾之田，積攢之財，於一切受用之中，應想是從我善良的父親、叔伯時而有。如是則由怨敵、親友、住處、土地神，於此所執。夢境之中，猶如執著於實有而身命壞滅。白晝現出及夢境現出、中有現出、外境現出等等一切，猶如夢境。猶如不存在之相中，執著存在之力迷失者，猶如夢境。復從因緣和合緣起而生，以因基位可以明白升起之力為因，以進入睡眠之識為緣，此二者因緣和合時，無不升起緣起夢境之相。一切所依，如若能依，則依基位。如若連接，則連

講授善的內容含義

接基位與夢境之相無二雙運。一切生起，如若生起，無不生起猶如夢境之相。

從我之緣，猶如顯現之相，於無我中，而執於我。於無我中，以執於我之我等中斷為緣。彼情器世間，各個不同顯現者，猶如影像。復次從因緣和合緣起而生，以可以生起因的明鏡力為因，以彼形象顯現為緣，此二者因緣和合時，依緣起影像顯現而生。一切所依，如若能依，能依明鏡。如若連接，則連接明鏡影像無二雙運。如若生起，猶如生起影像，而無所見。一切我執，猶如顯現，於此，無我而執於我。無我之中，從執於我的一切我執，以束縛力，六宮城世間輪轉現出者，以今世雜染、瞋恚，從所有引發之門，積集罪惡、不善業，從生命壞滅之病，達到目的。內氣息咕咕而斷中，雜染、瞋恚，從一切引發之門，於罪業中，留戀利養。猶如生火之時，吹皮火筒，紅色火焰閃爍，如地獄天光，是為增相。復次從因緣和合緣起而生，以適合因基位明淨生起力為因，以臨終留戀利養為緣，此二者因緣和合時，猶如緣起地獄天光。一切所依，如若能依，能依所依。如若連接，連接所依和地獄之相無二雙運。如若生起，猶如無不生起地獄之相。從今世一切雜

修心筆錄

染、貪愛引發之門，罪過與不善業積集之後，所及生命
壞滅之病，內氣息咕咕斷中，從雜染、貪愛引發之門，
從罪過與不善業留戀利養者，猶如生火吹皮火筒時，紅
色火焰閃爍燃燒，餓鬼天光，是為增相。復次從因緣和
合緣起而生，以因處適宜於明淨升起力為因，以臨終留
戀利養為緣，此二者因緣和合時，生起緣起餓鬼天光。
一切所依，如若能依，於所依中能依。如若連接，則連
接所依處和餓鬼之相無二雙運。如若生起，猶如生起餓
鬼天光，由今世一切雜染、愚癡引發之門，積集罪過和
不善業，正及生命壞滅之病，內氣息咕咕而斷中，從一
切雜染、愚癡引發之門，於罪過和不善業中，貪戀而利
養者，猶如生火吹皮火筒時，從因緣和合緣起而生，以
因處明淨生起力為因，以臨終留戀利養為緣。此二者因
緣和合時，猶如生起緣起旁生天光。一切所依，如若能
依，能依此處，如若連接，則連接所依旁生之相無二雙
運。如若生起，猶如升起餓鬼天光。今世五毒雜染及有
漏之十善混雜之中，所行正及生命壞滅之病，內氣息咕
咕而斷中，貪戀及有漏之十善，或者一切五毒引發者，
猶如生火吹皮火筒時，紅色火焰閃爍燃燒，猶如人的天
光，是為增相。復次生起因緣和合之時，以因處明淨可

以升起之力為因，以臨終留戀利養為緣，此二者因緣和合時，猶如緣起，生起人相。一切所依，如若能依，能依因緣，如若連接，連接之處與人相不二雙運。如若生起，猶如生起人的天光。由今世一切雜染、嫉妒引發之門，從積集之罪及不善業，正及生命壞滅之病，內氣息咕咕而斷中，由一切雜染和嫉妒引發之門，因貪戀、罪過和不善業而引發者，猶如生火吹皮火筒時，紅色火焰閃爍燃燒，猶如非天天光，是為增相。復次從因緣和合緣起而生，以因發生處明淨生起之力為因，以臨終留戀利養正及引發為緣，此二者因緣和合時，生起緣起非天天光。一切所依，如若能依，能依基位。如若連接，則連接基位和非天之相無二雙運。如若生起，猶如非天天光，是為增相。從今世雜染、我慢、執著心與禪定等持二者混雜之行，正及臨終生命壞滅之病。內氣息咕咕而斷中，上中下者，隨一禪定，皆從雜染、我慢引發之門，一切貪戀於罪過和不善業，而及引發者，猶如生火吹皮火筒時，紅色火焰閃爍燃燒，猶如天的天光，是為增相。復次從因緣和合緣起而生，以因處生起明淨力為因，以臨終留戀引發為緣，此二者因緣和合時，猶如生起緣起天的天光。一切所依，如若能依，則能依生起。

修心筆錄

35

如若連接，則連接基位與天之相無二雙運。如若生起，猶如生起天的天光。如尋香城。復次從因緣和合緣起而生，以虛空明淨生起力為因，修禪定者為水相姿態，以臨近晚上之湯和碗中熱氣為緣，此二者因緣和合時，猶如生起緣起尋香城天光。一切所依中，如若能依，則能依虛空，如若連接，可連接虛空和尋香城之相無二雙運。如若生起，猶如生起尋香城天光。

唯有彙集妙欲之相，於此，妙欲之相，由眼境造像，耳境聞聲，鼻境嗅香，舌境嘗味，身境所觸。此諸一切，最初亦無，眼可觀色，耳可聞聲，鼻嗅香臭，舌可嘗味，身可作觸，盡一切相，猶如回聲。復次從因緣和合緣起而生，以所見洞窟外觀高低均勻，以對方之耳為因，以培植為緣。此二者因緣和合時，猶如生起緣起回聲天光，一切所依，如若能依，能依石窟。如若連接，則連接石窟和回聲之相無二雙運。如若生起，猶如生起回聲天光。如若無我，我即返回，僅僅無他，他者，彼面而斷之相。

如一切相，廣大眾多。如是之相，從一切處，他人之中，住於己之法性相同者，如大海星辰。於此，大海之中，星辰示現，廣大眾多，如是升起，猶如同彼大海

之水。復從因緣和合緣起而生，以潔淨大海生起之力為因，以虛空和星辰和合為緣，二者因緣和合時，猶如生起緣起星辰天光。一切所依，如若能依，能依大海。如若連接，則連接大海和星辰之相無二雙運，一切生起，猶如生起星辰天光。

猶如基位普遍展開，而無其他，基位遍滿鋪開虛空輪圍，無影無蹤，無有遮隱，廣大遼闊，空性離根變化。生死涅槃周遍大海，於此，觀我執控制之彼岸，這邊有山，觀這邊山，彼岸有山。顯現自他諦實有者，猶如江河，在水本身，而無別的，水泡冒出時，為水和水泡之相。復次從因緣和合緣起而生，以潔淨大海可以生起之力和清淨涅槃之法繚亂為因，以自性波浪紛亂為緣。此二者因緣和合時，猶如生起緣起水泡天光。一切所依，如若能依，能依大海。如若連接，則連接大海和水泡之相無二雙運。如若生起，猶如生起水泡天光。猶如虛空，周遍空性，而無其他。彩虹升起，於虛空中，絢麗示現。亦復義中，猶如虛空，而無其他。復從因緣和合緣起而生，以潔淨虛空可以升起之力為因，以緣起之光（太陽）暗（雲）濕（雨）三者彙集為緣，此二者因緣和合時，猶如生起緣起彩虹天光。一切所依，如

修心筆錄

37

若能依，能依虛空。如若連接，則連接虛空彩虹之相無二雙運。復次從因緣和合緣起而生；以潔淨虛空可以升起之力為因，以緣起之光（太陽）暗（雲）濕（雨）三者彙集為緣，此二者因緣和合時，猶如生起緣起彩虹天光。一切所依，如若能依，能依虛空。如若連接，則連接虛空彩虹之相無二雙運。

猶如基界空性示現，於此基界空性明淨分支，無我之中，顯現我之我相，由於挾制心識，得堅固力。顯現於種種迷失相者，猶如眼花繚亂光影。復次從因緣和合緣起而生，以明亮之目可以生起之力為因，以手指搓揉眼根或脈處風息運轉為緣，此二者因緣和合時，猶如生起緣起光影天光。一切所依，如若能依，能依眼睛。如若連接，則連接眼睛和光影之相無二雙運。如若生起，猶如生起光影天光。

猶如我執而不存在，我執之心，猶如水壺表面，從如來藏本性幻化處，各種之相，顯現處不動，此處不生起諦實有相者，猶如幻化。例如化身禪定中，根變化者，於轉變化身的禪定現證入定時，願望佈施之心和對方視線，而非想有各種化身之相。於化身禪定中，根轉變者，於化身變化禪定中，現正入定時，示現各種化

身。於此事中，離開根本化身，猶如不存在實境。復次從因緣和合緣起而生，以潔淨虛空可以升起之力及化身變化為因，以對方之目和化身變化禪定為緣。此二者因緣和合時，生起緣起化身天光。一切所依，如若能依，能依虛空。如若連接，則連接虛空和化身之相無二雙運。如若能生，猶如生起化身天光。猶如示現幻化十喻，唯一切法，是由因緣和合緣起而生。諦實有者，僅僅極微塵分子亦不存在。能仁主包括所依、連接、生起明法性，智慧無礙，出生嬰兒亦心轉化。明心是金剛於過去、未來、現在三世，一切不壞，不從因緣生起，無有遷流變化。此義之中，即彼於虛空無虛妄分別處。於此而有，外境虛空、內境虛空、密無虛妄分別虛空三者。外境虛空，是廣大外器世間，內動情世眾多有情，中間光明五妙欲境，莊嚴端妙。我之色身，蘊界和處，由有情自己諸不顯現之心相彙聚之一切法者；外境虛空，僅只從佛經典，真實認識自境之量，上師口訣量，自己智慧量三者之門，詳明解說一切諸法的自相與共相，猶如不存在之法。證悟者，於內境虛空、外境虛空和內境虛空，明空二者無別，相同於自證大法身。證悟者，為密乘無分別空。若從此義解說而言；猗歟哉！

修心筆錄

這虛空盡為一切情器世間生處，猶如為一切影像生處的明鏡顯化，從明鏡而不存在其他影像，一切水月，出現之處為水，一切水月是水顯化，而不存在從水到其他水月之中。一切彩虹現於虛空，一切彩虹為虛空顯化，不存在從虛空到其他彩虹。一切情器世間現於虛空，一切情器世間為虛空顯化，不存在從虛空到其他情器世間，這是虛空金剛七法。是虛空中，而有衆生、天、眷屬、魔及其魔眷、武器，有幾十萬。不作夢境，相續不斷。從自己方面，由不壞和彼方之緣，因不能摧壞，不坼裂，是住於虛空自己體性，真實不變。這虛空中，佛妙善功德及惡有情衆生之過，顏色善惡，沾染無住，壽命永久。這虛空中，時不遷轉，住不遷轉，不壞，壽命長久。這虛空中，極微塵以上範圍，因無不入，一切壽命於虛空顯化中齒穿而不執，這虛空中，因彼一切妨害不能停留，作一切事，而無能勝，金剛七法俱足。

觀彼一切財物，世俗財物金剛，亦有三種：以婆羅門嬰兒之骨所造夢行之輪，惹忽拉弓箭，帝釋天杵，大自在天之頂。三種之中，名曰金剛七法俱足。從須彌山間隙，製造鈴杵法器標幟，輪轉之時，不需金剛七法，一法法性，而非俱足。於念青唐拉⑩西方，有名曰金剛

40

石。於此，一者砸碎時圓形，二者砸碎時正方形，三者砸碎時半月形，四者砸碎時三角形。以上一切之緣，名曰無能摧壞。從此生起時，不需金剛七法，一法而不齊全，漢地短橛，有名曰鐵金剛鑽。此四大中，除火以外，一切非住於調伏之力。四大之火住調伏力時，不需金剛七法，一法性相，但不齊全。彼一切財物，以表示增加時，因生夢境，事物連接不斷之性相亦不齊全，是為中斷。由他緣摧壞力中，不滅之性相不完備，是有壞滅。在第一、第二、第三之中，以不變動，諦實性相不完備，是有虛假。白色、黃色、紅色、花色斑駁混雜，墨碳汁中等等，是諸黑色沾染而入，堅固性相不完備。從時遷轉、處遷轉、搖動、堅固、無定，事物堅固性相不完備，是不堅固。盡一切實有物質，是有執著。對事物之性相不完備，是有執著。若以他緣，空性作用，事物無能勝之性相不完備，是俱他勝。如是，一切相法，唯現出時，是諸不存在的性相，僅現出時，是離開空性之義。於此，猶如實有事物，堤上之石，砂子粉碎成為細末而為塵，七塵如雨降落，為微塵……極微塵分子。極微塵分子一切皆無，此諸無空性自性及不存在之性相，唯有現出時，是離開空性根本。因實有物質堤壞實

41

有存在，砂子粉碎為細末，而為塵，七塵降落為微塵……為極微塵分子，極微塵分子，一切皆無，是為空。若於白晝，夢境中現出，首先看見，其次所觸，最終以口和手而造，細末為塵，七塵降落為微塵……至極微塵分子，極微塵分子，一切皆無，是為空性，如若不經變化，由是現出。從金剛七法之門，而作斷定。

從識處障礙之門斷定者，眼睛睜閉，亦無變化，猶如現出眼睛睜閉和腳步起落，而不間斷，猶如現出而障礙，猶如停留於障礙變化的有法。於此，如若觀想昔障之處，而非外境，猶如去往別境時，路口現出土、石、山洞、草木、森林。返回之時，一切如昔，住處房舍，內外處障，存在如初。昨晚夢境，從山溝這邊而到山溝那邊，展開之時，於道路口，其相猶如土、石、山洞、草木、森林，返回之時，存在如昔，住處房舍，內外財物，一切受用，內外障礙之相如初，為諦實有。而於夢境，今日白晝，諸一切相，如上所雲，而不存在，是顯現境，猶如有人之鞋，被水沖走，明年與友到河岸丟鞋之處，昔丟鞋者說：「我的鞋從此處沖走」。友人卻說：「鞋沒被水沖走」。這是真實的，若謂何故？我從彼岸到這邊岸時，沖走鞋的水到了彼岸。如是，證得果

講授善的內容含義

位的是諸菩薩，舉起增上的線球拋向虛空，等跌於地上，是知大地形成壞滅。如是，瑜伽行者，對於一個太陽日（晝夜）大地形成壞滅的情況，應該領悟。教授阿爾雅帝瓦認為;小智於此法中，只有持疑，不可能食，如僅持疑而食之，則成世間腐敗。如是，包括食肉鷹的短暫停留中，最後時期的一刹那和最後一刹那的六十分之一除以臘縛⑪的四十分之一再除以一呼吸傾，僅一傾呼吸，亦能形成壞劫。如是，慣於屢屢形成壞劫。以情器世間生死涅槃彙集的大空性的唯一緊緊輪圍中，若不決定，於遍智道，快捷方式不變，猶如幼兒聰穎，天真嬉戲。於此事中，由你特別而觀，一切之相，僅於虛空證悟。如是宣講虛空瑜伽藏，未來亦不可見。

於此，由於一定生起，講解答辯問題，為確定之處，一切之相，唯從此處，而知空性。外現情世，內動情世有情眾生，中間五妙欲境，是諸一切，失去遺迹。別境之中，從自境去往他境，六趣有情眾生界等處，別類眾生和一切有情及自己相續存在，心中而有分際，一切夢境所顯現的面孔。如若拜見我的上師無垢光尊者時，從問題答辯中，講解夢境和生死來去諸相，斷定之後，從唯相而無有實有存在之境者，嗚乎！善男子，外

43

現於外情世，內現內動情世有情，中間五妙欲境，莊嚴端妙，如諦實有，諸一切相，猶如幻輪，夢境分際，一切之處，融入空無虛空。於此，復稱曰一切處性相，稱曰一切處頂首，不知展開之力的分位障礙，如愚癡者，為心思之一種卵。無生物五位是；沈睡位，昏迷位，死有位⑫，男女等至位。以殊勝修持引發諸時者，為無生物五位，稱曰阿賴耶頂首。持明無畏洲曰：「從阿賴耶識到業風流動變化，於習氣心性胎藏，處於昏沉。」猶如持明無畏洲上師所教，從此阿賴耶識執著，微微而動者，為執著業風。於此阿賴耶識中，猶如黎明開始的光亮，清楚明亮者，阿賴耶識及從此無我中，執於我之識，猶如槍刺而出，為往昔雜染心和我身相中，作緣之後，示現於情器世間的一切姿態，無粗略現出之相。於微細隱蔽分內，雜染心就從此心思潔淨分明，六聚現出，尋思分別心增加於此，由心思和從此色、聲、香、味觸之相增多之力，放置於五門之識。境和色、聲、香、味。觸顯現中，能執增多，不斷引生，繼續維持自身細微分別心的生起，而心執著。從執二取，成為一切輪回處。如是，夢境為阿賴耶識作用。從此，執於我之識生起，進入五門微細識所依後，為白晝顯現境，於無

講授善的內容含義

我中，僅為我身顯現之識。從此夢境的萬物情器世間一切妙欲處，能執諦實有後，因生起貪欲，則停留於迷失分位。複次猶如隱沒入夢境的一切萬物情器世間，彩虹虛空，隱沒於阿賴耶識虛空。復次從阿賴耶識，由業風吹動而起變化，如前顯現白晝相。

我說是言，生起決斷，而非僅只以我身相。以父因而行，母緣而行，從此二者因緣，而生我身，諦實有為我。心想請受之時，復由上師親訓：「若想汝身從父母因緣而生，最初無母之時，到今遇父始終，生、住、死三者，一切而有。母的始終，生、住、死三者，一切而有，除我無記憶時，無父母身，而不可能，由心願時，開始無母，至今不遇。對於父母始終，而無記憶。此夢境身，父母始終，亦有生、住、死三者。如是，中有身父母始終，亦為生、住、死三者。地獄之中，亦為繁殖身的許多果報身，命終亦為繁殖身。此父母始終，生、住、死三者，一切須觀。僅從身相諦實有中，而不存在。」嗟乎！上師喇嘛啊！確定吧！嗟乎！上師喇嘛啊！我身於臥榻，蓋被而眠，留於世間，房舍而無變化。夢境之相，一切情世而有，從彼境生，由心而想。復從上師親訓；夢境之時，外現廣大情器世間；大山、

房舍、境中等等，內動情世多數有情眾生，人之高矮，有情之內，中央五妙欲境，莊嚴端妙。視野之中，而有形色，耳境之中，而有音聲，鼻境有香，舌境有味，身境有觸，是諸一切，為顯現夢境相。觀今日此身之首，肢體內外上下，一切之內，處之境相。若想為住於身首之內，以腦彙集，一切而有，廣大夢境，進入腦內，而無意義。是諸肢體，各自血肉、骨、足中彙集，若一切而有，入廣大境，而為唐捐。身之上部，若想是為所依，身上部者，肝、肺彙集，一切而有，若入廣大夢境，則為唐捐。下身之中，若為所依，為腸盤聚，一切而有，入廣大境，則為唐捐，此非為必須確定。

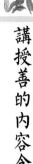

上師曰：「他境之中，為不存在」。問上師曰：「他境之中，識離之時，升起夢境之相，識返回身時，若想為白晝升起之相否？」上師答曰：「若如是，猶如身住之處，存在之時，為夢境中識生起作用之門，如住處之門，而應存在。如是，猶如住處之門，應該了知，我精力中，顯現於我。此亦存在，是無記憶，心想起時，猶如一次生起住房之門，為生起今後認識門之力，使入於到達你每年七百二十晝夜，若一次不能辯識，則應一次辯識。若仍不能辯識，是到達以門自性不存在的

講授善的內容含義

罪過力。由是，你心識住處，應該辯識。若住於身體上部，下身之中，僅如穿釘，上身刺痛，經受苦厄，則無意義。若住下身，上身僅如穿釘，下身刺痛，經受苦厄之事，何須有之？於此，夢境之時，入洞門生起，進入之識細微，猶如芥子，返回身內，向上增長，身體周遍。現今向下退失，從細微洞門，大小僅能露出，不見行為。現今，如你言說，於智慧與俱的灌頂中，心識離體，命終之時，仍然年輕，不宜命終，如是而想。復次如若決定，離體心識返回，此何能不入於他境之夢境顯現處？今日白晝之境，上方而有，下方而有，四八方皆有。白晝現出四大情器世間，晚間夢境現出四大情器世間，是為各異。若想相同，由於睡眠間斷，或不間斷。若睡眠間斷，白晝之相，而不相同。若不間斷，而非各異。今日白晝之相與昨夜夢境，二者之相，而有上下，或有內外，於一方面，無有不定之狀。」

復次由我喇嘛金剛上師，而作是言。若為如是，一切確定，一切之執，唯有祈請上師，作親訓曰：「無始以來，一切猶如生死經受，盡唯生現，猶如未經受死，僅為死相。從夢境變化，僅為白晝現出之處，從白晝現出處變化，僅夢境相，生死示現，而非存在。如是，眼

境中色，耳境中聲，鼻境中香，舌境中味，身境中觸，意境種種，法界大海，此諸一切，猶如非有。一切經歷見、聞、受、觸，唯有自己之相由自己生。其他之中，僅諦實有，如長毛尖端，而無感覺。」諸其餘者，以現證之目而觀，以勝義之手而持，示現根門，自他相續而有；若見喜色，是由善識，若見惡色，則由惡識，若見中道色，是由平等無別識。如是，若聞妙音，則由善識，若聞惡音，則由惡識，若聞中道音，則由平等無別識。若嗅妙香，則由妙識，若嗅惡味，則由惡識，若嗅中道香，則由平等無別識。若嘗香味，由香味識，若嘗臭味，由臭味識，若嘗中道味，則由中道平等無別識。若為妙觸，則由妙識，若為惡觸，則由惡識，若為中道觸，則由平等無別識。是諸現證，以目而觀，以勝義手而持，如欲存在，現於根門。昨夜夢境，你的這目，所見妙相，人天、善逝身色、相貌等等，惡之形色，心中不至的身形相貌等等。今日白晝時目，一形色未見。如是，由這耳聽聞，琵琶和大象音聲，惡聲驢叫，犬吠等等，所聞犬吠，白晝之耳，則一聲未聞。若以這鼻，嗅妙香麝、樟腦、紅花等味。惡臭之類，如嗅馬屍和腐爛狗屍等等，今日白晝之鼻，一點未嗅。以舌而嘗蔗糖、

講授善的內容含義

48

蜂蜜等等甜味。惡臭之味如嘗苦、酸等等，今日白晝之舌，一切之味，而未嘗到。身穿華麗之衣；綢緞、棉布、氆氌等柔軟舒適之料，所觸低劣粗糙之料，今日白晝，身之所觸，一點未有。如是之相現出之時，你實際而未經受，因此，二者相同者，由變化顯現。應該了知；無始以來，輪回之時，從存在、死亡、而未經到別處，於別處無住情況，夢境而現。若想夢境和白晝之相，二者真假不同。因今夜夢遊，而非明天之夢。若想白晝之相，今天而有，明天亦有。從幼時到十歲以內，夢境之中，與友為伴，任何話皆講，任何食物皆吃，此時，資財食物，積累貯存，一切盡有，若有，現證之目可見，勝義之手而持，現於根門，而應該有。此者，有而非有，存在而不存在。此諸一切，已無記憶。回憶之境，有無真偽，夢境之相，是於阿賴耶識，處和白晝相，亦于阿賴耶識為處。此二者中，為觀內和觀外的差別，感受殊勝與否？答案為是。若觀察時間長短，白晝三十小時，夜晚三十小時，晝夜共有六十小時。如是長久，觀察長短，複次一年有三百六十個晝，亦有三百六十個夜，晝夜一共有七百二十個。如是之多，願細緻觀察，定可確定。如吃須彌山食，飲大海水，現出

足飽，衣僅穿戴如南方雲，不覺溫暖，唯此所現之相，為諦實有中，無感受存在之相。

如色身相，今世若一心修殊勝法，遍智果一時若有，於此，不精進之無色相身，為了顯現色身，口中食，身上衣等，由精進行，求遍智果，亦為食物饞鬼。今世若僅修殊勝法，生死永久了脫，否則，僅求今世之事，從輪回而口耳相傳，生出色相，於生的邊際中，為不死之法。為生死之相相續而現，為死的仇敵。若豐衣足食，一生之中，如修遍智佛盔甲，今世能證解脫之命，否則，為了唯一身相，執著於身，穿華麗柔軟衣，吃甘美食。唯從樂境，尋求幸福。嫉惡如仇，愛親友，扶親滅敵等。這時所行，為求解脫，殺生害命。這時，若修光明大圓滿勝義，抉擇樂遍智果時，從唯一之身，得到轉變。否則，因遍智氣息已被奪取，而為取氣。今世進入密咒金剛乘門，不壞失三昧耶誓言，守護戒律，即彼身命，能證得金剛持盔甲之力，猶如此法，若不護持，而且唯於今世扶親滅敵，不善行中，因過去世之根，誓言壞失，而為鬼蛾。因此，一切留戀六聚境相，於野獸所觀陽焰火中，猶如馳驅，胎藏微塵，約略無存，猶如虛空，彩虹電掣。

講授善的內容含義

50

如是了知空性，而作證悟。若想了知空性，此相而無不離，否則，修體性空時，如若不知，猶如不知此一道理和一切實際情況。外相之中，因執於實有法，內境自身，誤於愛重，唯於心中光明，有信心而修，定是由未見依空性之緣，一切修持，是為無記，應了知依自性空見，見為重要根本。因此，應了知和證悟一切法的自性空。總之，若按教言，僅由佛生，化為佛身，僅由持誦密咒，成熟千咒音聲，僅由修心禪定，應有證悟光明力。是諸一切，因僅了知證悟，若解脫中不動，僅由空性證悟，一切實有法，成為非有，成為不證悟之理。復次由最初空性，空三處中，是為有空，可能生起，了知空性，教無不知。因此，須了知一切法的自性空，了知明和無明，由二者了知差別，解脫於生死輪迴，斷除一切迷失。因此，智與明者，是密法禪定時所觀察安置身體之殊勝七要點之寶。

隨一而同，若不知以一些自力，因修習而可能生起不斷耳聞，而作言說；從無始以來，至現今所遇事物中，由自力觀而不悟，由無明根，漂泊輪迴，由自力仍證悟不動，則應修持。從真實佛語，上師口訣，自證準則之門，猶如與傳承、經教，口訣一致的觀點和空性，

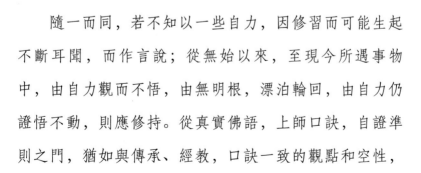

應該證悟。從證悟於自我方向修習，經大苦行，證悟空性。唯有苦行毛端，而無行持空性證悟二者中，唯無殊勝的毫末。猶如經大苦行尋找黃金及未作絲毫苦行，黃金從臥榻下尋得，此二者中，猶如黃金無優劣體性。唯有苦行，拜見佛地尊者，如絲毫不修苦行，由佛刹土拜見二尊者時，加持體性俱不長久一樣。

如是，一切之相，示現空性，如是由萬物生死涅槃彙集的一切法（大空性）而作決定之伺察中，所言各自證悟之智，一定決定生死涅槃大空性。此後，智相續中，稱曰無我證悟之智。此中，首先認識證悟，直至融合，最終證得定見者，為根本無上珍寶。唯有認識和證悟者中，憑以你者，是俱空性證悟。猶如我對於你，以火而戮，始覺痛疼，以水而潑，始感冷涼，以箭、矛、杖擊，則覺巨痛，有法一切相，於無盡法界性中，執於自他二相，而不泯滅。未泯滅中，觸火而熱，擊水冰涼，箭、矛、杖撻，而覺痛疼，痛疼顯現利弊損益之相，經常相續。此義為；因熱地獄火為熱，而未燃燒，涼地獄冰涼而不冷，非天之箭，矛、杖刺入，未死而存在者，僅現於諸一切相。因此而無實有罪惡。以此言說，而不泯滅。

c、對於損益罪的辯析：

對損益罪，一時而作轉化。復次一時於大成就地，拜見日哈巴上師時，由我成就之根，淨除一切障垢，依佛而修，超度一切邪魔鬼蜮，祈請對我賜教之時，師賜教曰：「嗟乎！善男子！你損益罪，應予遠離。謂障垢者，障垢於事物體性空無明中，無明長久。諸修行者，因執於阿賴耶識，而講習氣。此如解說以身頂禮，以語念誦。唯於以善心思之善資糧中，作大精進，不斷淨治。例如，虛空之雲，以我之欲，地上之塵，如同垃圾。如欲除淨無明障和習氣，則由萬物生死涅槃彙集的一切法，各自證悟之智慧，若決定於基位大法性，使無明障垢和習氣變得潔淨，能益於身、語之善，能損身、語、意之罪，因此，應該抉擇。」

唯益於身、語、意等，應該抉擇。身、語、意善行，以身頂禮，由語念誦，以意善思，修善加行，猶如一切範圍，穀物堆積，猶如佛的庫藏，應有積蓄。若有，現證之目可見，勝義之手所持，現於根門，此者非有，而不存在。能益身、語、意三業之善，如有生起之根據，若從外五大生，或從五大水界而生，或從五大火界而生，或從五大風界而生。如若生起，現

證之目可見，勝義之手而持，現於根門，此者非有，而不存在。能益身、語、意、三業之善。從實有生，或從無實有生，若從實有而生，現證之目可見，勝義之手而持，應現於根門，此者非有，而不存在。若從無實有生，從無實有身、語、意三業之善形色，應該而有。若有身、語、意三業善有形色、顏色等等，現證之目可見，勝義之手而持，應該存在，現於根門，此者非有，而不存在，這稱曰能益身、語、意三業善中所祈之處。若有，應觀察頭髮尖以下，腳趾尖以上，稱曰住處。此情器世間應有，若有，現證之目可見，勝義之手而持，現於根門，此者非有，而不存在。能益身、語、意三業之善，如最終有眾生處，東南西北，四面八方，上中下等，一切方向，有行走處。若有，現證之目可見，勝義之手而持，現於根門，此者非有，亦不存在。由生處三趣抉擇，除非非是。若想名益為善，體性空內、外、中三者，首尾一切門類，名益、善行，現證之目可見，勝義之手所持，如有，現於根門，此者非有，亦不存在。除非由自己之心命名，從自己善的方向，決定無實有分際時，於輪回中，只有積集福澤，而非實有。如是未盡罪業，損害身、語、意三者之罪積集成堆，如穀物堆

垛，集於倉庫，如有，現證之目可見，勝義之手而持，現於根門，此者非有，而不存在。若從生、住、死三者決定，應遣除損害及罪惡。復次從體性空之內、外、首尾三者一切方面而作損害。這所造之罪，現證之目可見，勝義之手而持，現於根門、此者非有。由自己之心，僅僅牽挂罪惡。於自己方面，僅僅存在之塵，亦為非有。一生之中，身、語、意三業，善加行中，精進之人。一生之中，身、語、意三者，罪行之人。如觀察二者之心相續，親者愛，仇者恨，俱善願，嫉惡仇之一切近取中，猶如一塵不染，而得解脫，由心相續解脫而解脫。如若迷失，亦由心相續迷失而迷失，漂泊於輪回。此二者由心相續，殊勝而一塵不染，則由心相續解脫而解脫。如若迷失，亦由心相續迷失而迷失，為漂泊於輪回。如由心相續，二者無別，從一切輪回而不脫離。僅分際苦樂，若無分別，則不脫離輪回。如若抉擇，則能了知，不抉擇善，不住於修善業者，則不抉擇罪惡，為住於一切共行。如想不住於抉擇善惡，由不修善，造諸惡業，是不抉擇。若不抉擇善，從解脫道及輪回分際中，積集福澤二善財，而非證得遍智果。如若罪惡，不作抉擇，因不知各自無明障和罪迷失處，便

修心筆錄

迷失於無邊輪迴。是故抉擇善惡，為根本要點的最勝珍寶。於此，善惡二者，一切積集，如想果不生出，亦弗如是。此為善想的善尋思。此處由於是如來藏之箭，從身、語、意，積一切善業，是證得善趣人天盔甲之力。遍智道中，由於毫不轉化的過失纏繞，從淨基位心四究竟門，積集一切不善業，全部罪惡分支三毒，任一大小等起力之自生之果，拋向三惡趣。此二者謂何？如不脫離輪迴苦海，不積集福德，則會到達從追尋未來之無人空谷。若修空性時，感到心不滿足，則其餘之善，進入深深有漏之善，所觀空性功德時，等至空性之義，猶如二尖針縫不了衣，二心成不了事，不能舉起法性勝義。由是，無力的過失而作纏繞，除了應抉擇善惡二者之因，貪、瞋、癡三者所行，行於自己之口。業者，有漏之善，存在面前，此當然高興。然則此非法性之義，因一切善，與彼分離。此義之中，等至之時，用心而修，伺察善與不善二者之中，於體性障蔽分，皆無善惡。大遍智上師曰：「自生明勝義太陽，由善惡之雲障蔽，取捨精進行的電犁，由於升起苦樂迷失相，輪迴種子，下降如注，於六趣中，莊稼旺盛。嗟籲！悲憫貧困的一切有情眾生，定於究竟義精粹中，猶被金鏈拴住，法與非

講授善的內容含義

56

法，猶如由心拴住，善惡雲聚，一點亦無，虛空法界，升起勝義太陽。」護持饒益之佛，情況亦要觀察，能益之佛，作抉擇中，應觀察生、住、去三者。若想根境之中，如為佛相，而應稱曰佛的色、聲、香、味、觸。此者，無諦實有，是不存在，是從四大情器世間而生。猶如四大之處，若有徵兆，降下微塵，若不一定降下微塵，仍稱曰地。如想從稱曰佛的內心，而為生法，永遠亦無。如是四大，各自之名，不同而命，而非稱佛，是為各異。若佛無實有，我實有者，假名饒益，而無形態。若佛實有，佛庇護你，同路為伴，無不見相。此時若見，佛形色等，現證之目可見，勝義之手而持，示現根門，此者非有，亦不存在。基位我慢力者，住於這山，微有饒益，如想寂靜，益何假立？若這山為佛，護佑之時，到這山後，應對你護佑，否則，益假立無益。若有山洞，當然有路，否則，如去掘土，當然到此，此山之下如有，掘土而見，此者非有。如若心想，父親叔伯，老人等等，由本人奉養，祈請、煨桑，祭供火煙，緣份之中，是為助伴。若不奉養，就會疾病及不如意而至。以佛形色，有形色者，以益假立，而無意義，若佛形色，由華麗之上品綢緞而制供物，作桑供時，其受用

修心筆錄

者，應為寂靜。此者非有，亦不存在。桑供之煙，散滅虛空，燃諸桑料，化成之灰，而有迹印，除風吹走，不論是誰，亦弗帶走，住於色身，謂曰緣份。綢緞布匹，種種顏色，一切安放，幾年淋曬，有些因水浸腐爛，有些褪色，雨水侵蝕。包括罪責眾生，是名曰佛，所見無物質財富者，法中而有。復次某處，有片岩石，十分怖畏，我去之後，因掘土石，墾荒種田，以此為緣，冰雹、霹靂、雷電三者，不可思議。如非某一，如想由我撲滅，猶如你昨晚夢境，到達雪山之頂，由山腰亂石嶺而取，由山頂森林而取。聞經教而祈；木病以斧而伐，草病以鐮而割，地病以鐝而掘，水病以十曜圖而袪，於此，以無間作緣，陶器之腰僅有紫色斷犛牛尾。去往虛空，剎那霹靂、雷、電三者，不可思議，兇猛顯現，今白晝時，冰雹使青棵顆粒不收。與此而同，饒益之佛，僅有形相。此義根本分離，最初諦實有中，絲毫而無。稱之曰佛，如想為修無因，此者非是。應從己證悟力，於無之中，而修習有，則從天人之界，現於根門。因修有相之佛，自己而有，義中而有。若不知自己有，其他彼岸，從能持佛自相續而修者，猶如鑽犛牛角，播於溝頭。荒溝播種，殊勝毛端，絲毫亦無。因此，一切修

佛，自己之心，無礙領悟。若由此而修，是心成就。

對於能作損鬼怪，於此言說；如是名曰能損害的鬼怪，應觀察生出之處，中間停留之處，最終離去之地三者，是為無影。如根境中，其稱曰鬼相，應有稱曰鬼之色、聲、香、味、觸等。此者，為不存在諦實有。若想從四大情器世間而生，如顯現於四大之處後，降落塵及微塵，極微塵，則稱曰廣闊地。稱曰鬼者，無有從這洞穴生出之形相。如是，除了各個生起的所言名相，稱之曰鬼，為無戲論。如若住想於某一人，此人頭上發梢以下到足趾端以上，如若觀察，經常所依之境，卻找不到。如想是心識之鬼，某一人中，如有二識，則不合理。如我有病，若想是鬼作祟，此鬼損害身心，引起痛疼憂苦。跳躍糾纏，鑽入你心內，或以箭矛擊中，由你回擊，此鬼被砸碎，此者非有。若想昨晚夢境，所有老僧戴黃帽者，應該是佛，此者非是。例如，於夢境中，有一老婦，如想由夢境生，是一女鬼。今日白晝，有一老婦，應是熱病女鬼，此者非是。如想夢境，有一小孩，身穿破衣，以此夢境，是損耗鬼，此者非是。此中，如想生疾病，為熱病鬼。食肉之時，手以刀刃，如亦應當是鬼，是病鬼。食肉之時，手以刀刃，此亦應

修心筆錄

當是鬼。如是，以食而抛，如強有力，亦應是鬼，此者非是。如是，一切苦樂心形相，猶如夢境，由佛施設。鬼的損害，從二設施處，一切亦無。無形而無所見。如是由諸人迷失之根，身的上下二分支中，亦為所取善惡醜美，所取端正之帽，掛於宅舍上方，能取破鞋，置於宅舍下方，取於破劣。宅舍上方，取佛而善，舍下方，取鬼而惡。猶如其他器物標誌，若至罪惡之人，宅內骯髒，不安置家宅上方，魔者，安放家宅下方。家宅上方，能取於佛之佛，尋求一切器物拐彎之處，不尋找佛堂。家宅下方，能取於鬼之鬼，此可尋找，不尋鬼宅，因此，稱曰佛與鬼者，最初而不存在，於無相中有相，除了自己迷失之相，諦實有中，一塵不染。此中，所持佛的善願，所持屬鬼嫉妒。此者，經常不斷生起，由自己我執束縛，以分別力，一切苦樂之態，經常相續而生，僅從輪回，露出本來面目。其他之中，一塵不染，唯有夢境顯現。

這關鍵義，一定要知。對關鍵義和原因了知者，是為了修習之中，能除魔障。所有魔障，如應消除，是修持中，心無定見和心不斷除之魔障，亦能消除。此中，應想法性勝義，對修持不疑，以修持威力，證得定見，

講授善的內容含義

以證得定見力，離無明障，化為廣大衆多智見，而得解脫，此為能息除魔的深根。自證之後，其他之中，無佛自相續，若從尋思，彼鬼無自相續，而作抉擇。為誅滅和息除四魔境，修禳解法，一切超越，為無有之無法。若一切法，如幻化證悟，則由如幻，救度引導如幻是諸有情。有情衆生，是從惡趣而得救度，猶如資糧圓滿之喻，是成就自他廣大二義。亦非如是，從雜染及自己之語而修，唯有於揉好的糌粑團中剌入楖的瞋恚者，不但調伏鬼魔，而且由基位意樂加行，三種究竟。一切罪業，不能證得圓滿，是生出惡趣果。嗟籲！如是而言，愚鈍無知的孩童，由你顯現之諸調伏中，大密乘瑜伽，一切生起。」

d、持疑掩蓋的虛假深淵：

復次光音天無垢的食人邪魔，亦於光音天無垢法性外現之時，由我拜見，如是言說，而作請受：「嗟籲！大金剛持，稱之曰佛，自己之處，普賢如來，為自己頂上自性佛，或者，此二者一切方向之中，一定而是」。如是請受之時，師賜教曰：「猗歟！善男子！廣大境中，如見人主王者，如意妙色，而無不同，息除尋思，離一切雜染無明，離開混濁，因觀端顏面色，而不

61

知足。心中此佛，父母為誰？若從父母而生，是生出之邊。如想從住處而住，為常法有盡，常法最終有障。如是，則有生、障、住三者之過，能執三者纏繞，有情眾生中，定有不食人之魔。如是稱這廣大剎土，情世眾多有情，若修事相，如是講解此處法之我執。有形佛身，為此人之我，如離二執，是為有情中不食人之魔。講授佛眼，如是之佛，自相之中，若想有眼，應有眼識，此形色中，非有人相之法，從形色顯現境執，為此眼所取境，此境而有以後形色，無近取心微細心思不生之法。此為眼執之心，一切心中而有。於此，稱曰有情。如是之佛己形相中，如想有耳，應有耳識，如有耳和耳識，亦無顯現聲之法，從聲顯現處而執，為耳的能取境，於有此境的彼邊，亦無聲近取之心的微細尋思不生形色。此為耳的所執心，有一切心，稱曰有情。如是之佛、自我之相，如想有鼻，應有鼻識，如有鼻和鼻識，亦無顯現香的人處之形，則執於顯現香處，是鼻執處。有此境的彼邊，無香近取心的微細尋思不生形色。此為鼻執之心。有一切心，稱曰有情。如是之佛，自我相中，如想有舌，應有舌識，如有舌和舌識，亦無顯現於味的人處之法，則從顯現於味處而執，此為舌的能執境。有境彼

講授善的內容含義

邊，味近取心，微細尋思，亦無不生之法，此為舌執心。有一切心，稱曰有情。如是之佛，自己之相，如想有身，應有身識，如有身和身識，亦無人處觸相之法。從觸相顯現處能執，為身執境。此境以內，觸近取心，微細尋思不生之法亦無，此為身的心執，有一切心，稱曰有情。

佛者，二取有情眾生，從二取所超越之我除外，如可能彼佛自相續，入於此之功德，於有情中，亦如人和有形相之人。如想彼佛因說法而名佛。如有說法者與我說法，及說法之處有情所執心顯現。此佛因說有情眾生之殊勝法，約略芝麻大小亦無，為一切有情。此佛境處，極樂而形色端妙，親友和善，受用康寧，無喜怒哀樂。如想是為佛殊勝法，因色界之佛為聖人，此佛亦超越有情。

證於自己阿賴耶識，稱之佛者，猶如自己阿賴耶識處，超超普賢之時，則不迷失。現世，不住於迷失。未來之世，不可能迷失的三世善逝，正徧知如來，稱之曰佛，而從別境，佛自相續，未曾到達世間。由是未經法會，傳授諸多傳承，經教、口訣，作金剛誅法，凡諸一切，我所見形色，懂得音聲，進入左道邪見，是諸之

人，我無所見。如是而言，調伏己心，示現影像，從我而生，別境之中，則觀別境，佛不自相續，唯願言之，而得證悟。抉擇疑境輪中，輪回之處，類別等等，是為迷失。名輪回者，猶如瓶內，進入蚊蠅，時飛於瓶上方，時飛於瓶下方，或飛瓶腰，是不離瓶內。如是不離三界輪回，三界之處，六趣之境，有六趣有情，而去住是諸有情停留處，從一處輾轉於另一處，心中一定經受苦樂，此者極不如意。過去身之所依，若失去機會，則一切從中有身而得，若是中有身失去機會，則從能經受熱、寒地獄之身，一切而得。猶如出生等活地獄時，所有大地，如灼燒鐵，所有之山，如灼燒輪圍，一切諸業，閻羅使者，發出砍殺之聲，地獄眾多有情，彙聚一處，彼此相見之時，猶如怨敵。支解殺戮，亦復如是，虛空復原之聲，無間傳揚。若復原變化，從諸一切因緣而生，僅只現象，為無實有。王子希瓦拉⑬於灼鐵大地，以故而作，從諸一切，火聚而生。是諸一切，為罪業心，而作言說。」

仍然，如欲於地獄處，苦厄而自相續。例如，受熱、寒地獄之身存在，以燉煮、燒烤、支解、砍殺而不死故，生於寒地獄後，受寒冷苦厄之劫，而不死故。唯

64

有七個月中，今世眾生某某，如可能死，是諸餓鬼，因受饑渴苦劫，此為不死的一切原因。此二者相違與俱，因變成灰，六趣有情眾生，而有中有。猶如昨夜夢境之相生起，微微顯現之後而無，相不存在，於無影空中。執著實有，是為迷失。

迷失之相，無實諦有。一切迷失所執，而無實諦。唯大空性自性，同於大空性心性，如決定證悟，直達空性，是從輪迴之垢，而得拔濟。若謂何故？一切顯現於三界輪迴，從一有情眾生之迷失尋思，而未脫離，猶如夢境生起眾生各異之相。若人不斷夢醒，是諸一切，處所清楚。有一有情，成佛之時，一切有情，應願成佛，此亦為宗輪一般宗旨。瑜伽行者，證悟之況有二；若如前所講，修道之人，屬鬼之相從身心離。應欲於尋常迷失，不畏屬鬼諸相，從外境作利生調伏，捨棄不失當過失，於不了義，而作是言。猶如最終生死涅槃二者，法中之相，不超出任運成就八門之法。已成佛時，融入八門內光明後，入童瓶身。於處境中，無不同之相，睡醒之時，是從夢境返回。瑜伽行者，如是而求。若想境相不同，其他傳承中有，一切生死涅槃，唯有從自己心中顯現之景象變化而無餘證悟，同類體性的虛假實質，二

修心筆錄

者有清淨與不清淨之分。因此，觀法體性，唯盡成佛。應該了知，一切而無，則自現智慧。現世俗假有相，如何安置，唯緣起中，而不相違。此義之中，如願證悟於生死涅槃平等性，則稱曰佛。彼境之中，有而不想，唯無尋思，於己超越基位體性時，不會迷失，現今，亦不追隨迷失返回。未來之世，不可能於自處迷失，即彼普賢如來，才可現前。另外，佛自相續，於不壞滅中，已對自己應獲得自信，此為證得佛的自我解脫。嗟乎！由您虛空自在遍滿金剛，決定一切生死涅槃皆無之空性，唯願證悟於無的自性。如是而言，秘而不宣。

(2) 講授一切法唯有基位自性：

亦復如是，瑜伽之中，而作變化。是空性義，由我長時，而決定後，唯有決定，一切不生起內外情世一切相，從自己方面，而悟空性，諸多空性，無記之中，而有之時，拜見增上大殊勝佛忿忿金剛，於生死涅槃空性幻化之中，而得證悟，以吽字道歌，吟誦之中，由我而請受曰：「嗟乎！增上大殊勝師，由我抉擇輪回涅槃，唯從空性中而知。於一切生死涅槃空性幻化中，抉擇能自信的智慧無生，住於空性，無損無益。」由如是問，師賜教曰：「嗟乎！生者虛空之根，由你於一切生死涅

講授善的內容含義

66

槃中，阻礙封閉。地、水、火、風的自性空，由自性空現於地，色、聲、香、味、觸的自性空，是於色、聲、香、味、觸，是萬物生死涅槃彙集之一切法的自性空。是由自性空顯現於萬物生死涅槃彙集的一切法。唯願阻閉於空性體性，由自性空現於萬物生死涅槃彙集之一切法。唯願阻閉自性之處。地、水、火、風的空性顯現處，由顯現處空性，顯現於地.水、火、風。色、聲、香、味、觸的現處空性，由顯現處空性顯現於色、聲、香、味、觸，是由萬物生死涅槃而彙集的一切法的顯現處空性。現空，為現於萬物生起涅槃處的幻化之中。猶如大海，顯現星辰，廣大眾多，不離大海。大海幻化，顯現眾多，由萬物生死涅槃廣大彙集的一切法，願不離開基位法性。由基位法性的幻化，於化身和生死涅槃的總義本身，願阻礙和封閉吧！例如大海星辰和一切存在之相，應由水本身阻礙封閉，不脫離水。星辰和一切形態總義，唯願由水阻礙封閉。如虛空界，生起情器世間廣大眾多之相，只此一切總義虛空，應阻礙封閉。由萬物生死涅槃彙集之一切法處，應阻礙封閉。是不脫離基位法性，應由萬物生死涅槃彙集之一切總義而阻礙封閉。總之，猶如了知由萬物生死涅槃彙集之一切法的法

修心筆錄

性幻化、束縛`周延，表示之喻和喻者形態，成為存在生死涅槃歸納通達的瑜伽。」如是而言，所言解脫中迷失之相，亦復而有，七宮年等。從此七宮年後，於清淨夢境，拜見法身上師金剛持時，由我請受：「嗟乎！祖師閣下，知一切解脫，如從佛道修證，猶如迷失於三不淨界輪迴道，唯此祈請祖師而作開示。」師賜教曰：「嗟乎！善男子，聽吧！佛在自身，有情眾生，因無明根迷失，由是，明與無明生起分別。若謂如何？佛如來藏本性，所見明者，佛中示現。此義之中，僅於最初基位處，原始怙主普賢如來，為四身五智體性，於此而有，基位明四身五智圓滿法及道明四身五智生起法二者。」

A、基位明四身五智圓滿法，為離開體性空戲論一切邊的分支，是法身和自性明無礙的分支，是以受用身和悲憫善巧相解脫於原處的分支。僅此化身及三身無別基位，是一切生死涅槃遍滿的分支。於此，唯有體性身、四身及一切空性法的劃分中，法界體性智，猶如行於若干色空法中。於潔淨的明鏡分支，因已離潔垢分別，猶如鏡智。於基位法性界，以生死涅槃彙集之一切法，於不平等而淨平等的幻化分支，平等性智，猶如以遍智控制住處，知住的坐勢，由一切所見智，對道控制，是了

講授善的內容含義

知道法。如是，由於盡所有智，分位無礙，於生死涅槃三途，而作控制的分支。各自證悟之智，於最初勝義法界體性清淨和世俗垢中，分支清淨，二取現於尋思，於原處解脫分支，自我有作用的五智慧，唯有自、修持道智，我四身五智，如是自生。成所作智，自生佛中，於解脫道，而作證悟，示現四身五智自我。復次遍滿明的自性，展開虛空輪圍，無迹、徑直、廣大、離根變化。高大的我，唯有生死涅槃遍滿，法身離戲。於自性中自己示現分支，受用身和智慧示現之門無礙，面貌自辯，無礙領悟。於自己領悟之智無礙分支，化身和如是三身無別彼處，於變成生死涅槃總義分支中，體性四身，第一以觀基位決定時，猶如生死涅槃法性，以相同之態，而作證悟。於法界體性智和許多空性態中，離開明淨，一切順應升起，如明鏡離垢，猶如鏡智，於生死涅槃大空性中，猶如有不平等而清淨平等本性。此智慧中，平等性智，妙觀察智，示現之中，自我控制時，所現最初清淨，自性清淨，二現一切尋思，最初解脫，彙集無為之界。有二淨一切尋思的所作自成中，為成所作智。

於是，作用之中，四種事業，任運成就。所見之智現前時，八萬四千種雜染及由此所生病魔逆緣，一

69

切法障而得息除。因增長息除事業及教證的一切功德，增長事業及萬物的生死涅槃，一切所見。因控制於法性悟境，若於自在事業及二取現出法界中，而得救度，是為威猛事業等四事業的任運成就。若降下空性，若了知這空性心、明的分別，應各自分開。如不了知，不觀心，不知道此中諸多作用，外境能取實有之相，內境自身無記，無常執事物，由貪執束縛，緊抱中間，表露智慧識。若智慧無礙，多修緊持，猶如進入冰管的水滴，由特別冷的作用，變成寒冰。若增加溫度，一定不變為水。於此，證得依處者，由此空性和觀不證悟之過失而作束縛。唯由生死涅槃彙集的一切法性，即彼與本性相同，猶如不平等和清淨平等本性，猶如識中智慧，住明體性，領悟一切困惑，境不習染，亦不執著，境不中止，不被境控制。此者，盡所有而見，因明自生智，遍智遍明之識，無礙領悟，不入自生境，如水銀滴，灑於荒原。心者，觀生死涅槃，自相續實有，為相中執實的根本見。從此心生尋思者，從生滅境融合，以境習染，以境執著，以境決斷。境被控制者，猶如乾涸地降水，猶如最初總位虛空，是由體性空，自性明，一切悲憫中而現之作用。從位元的自性分支，由風息五光之網而生

講授善的內容含義

70

任運成就五光明相。體性生處，為升起外境光明處。以悲憫分支，境中伺察作用識，成雙微細而生。於此，亦稱曰不成熟明。如若認別，證得上界佛位，若不認別，則墮下三界輪回，由普賢如來，一刹那智，而生出明，二刹那間，知五光自現，三刹那間，融入頂首，是由二義究竟，證得現前普賢如來果位。復次童瓶身殊勝六法與俱，殊勝六法者，是由基位殊勝，現於自我，作用於分支。事業方面，有別解脫無生，所住原地等六法。

基位殊勝者，從阿賴耶識殊勝心性，因生五光任運成就輪，從基位殊勝，五光明示現，所見自我，是顯現於自我及領悟五光自相，是由迷失而解脫的分際差別。它作用於分支，於開始作用中，能夠舉起，如若成佛，則於作用開始時解脫，它積集於二十五果法中。如若智慧和一切功德自我圓滿，從其他而不生出，僅僅顯現於基位無記。此義之中，若佛依自地，而能現證，則依自地，殊勝六法俱足。

證得普賢如來六法之況者，從心不生，不應斷捨心和心生的一切尋思，無住於基位，為自己頂上的自性佛。從教不生，是所教口訣的上師，而非別的，是生起明自生智的自性之教。從因不生，由普賢如來有漏之

善，微塵不染，自己頂上果法，是究竟解脫。為自己心中顯現的景象，由五光任運成就輪，明現於自我。自生明自性五光明法，為自生。自我解脫，因見自我，從我所見自己頂上，自我解脫。如是，童瓶身殊勝六法，證得之後，於基位元中，自我控制，是現證於清淨佛地。猶如不潔淨之輪回道，於基位中，自由自在。因生起智慧生命之風（風息和悲憫智融合），從馬行升起五光返照之時，由於彼識無明障蔽，僅僅自己無明。境與有境各異，一切命名，稱曰無明。三種無明者，是因之緣，於識伺察分支。我緣和境、有境各異。所緣之境，如三世相同，則驟然而入輪回相。此無間緣，是為四緣。如昔為三無明因，放入無間緣，亦有放入三因四緣者。遍智無畏洲曰：「如僅此處宅舍而依因緣，於此，升起伺察，是我之緣，從此境和有境所緣，三世相同，此為無間緣。」於此，由於不知自心五光示現景象，由清淨佛位的自我無明，而作障蔽，沉沒於基位自光身和一切智慧內光，打開外境，遷轉於外，應觀這五光明態。於此，法界體性智被無明障蔽時，則從自性五光明身和一切智慧化身之內光明身和智慧中而隱沒。打開外境，生起於外，為現藍光，此亦為內生，亦為四大虛空精華，

講授善的內容含義

亦為大種。此光明中，若心想藍色執實和執著生起時，亦為四大虛空，亦為四大，亦為區區四大，為濁垢四大。大圓鏡智由無明障蔽時，於自己光明身和一切智慧化身內光明中隱沒。於外境外光明中生起者，示現白光，此為四大水之澄淨，亦為大種，亦為內四大。此光明中，心想白色執實和執著生起時，亦為水之四大，亦為濁垢四大，亦為區區四大，亦為外四大，亦為微細四大。平等性智，由無明障蔽時，自己光明身和一切智慧化身，於內光明中，而作隱沒。外光明升起於外者，示現黃光，此者，為四大地之精華，亦為內四大，亦為大種。此光明內，因心想黃色執實和執著之時，亦為四大，亦為濁垢四大，亦為微細四大，亦為外四大，亦為區區四大。妙觀察智被無明障蔽之時，自己光明身和一切智慧化身，隱沒於內境光明。打開外境，升起於外者，為紅色光明展開之相。此者，為四大火之精華，亦為內四大，亦為大種。此光明中，心想紅色執實和執著束縛時，為火之四大，亦為濁垢四大，亦為大種。此光明中，由心想紅色執實和執著束縛時，亦為火之四大，亦為濁垢四大，亦為微細四大，亦為外四大，亦為區區四大。成所作智，由無明障蔽時，自己光明身和一

修心筆錄

切智慧化身，隱沒於內光明。展開外境，升起於外者，為綠色光明展開之相。此者，為四大風之精華，亦為內四大，亦為大種。此光明中，心想綠色實有中命名，能執於實有時，亦為四大中風，亦為濁垢四大，亦為小四大，亦為外四大，亦為區區四大。自己光明於內展開，隱沒於內。外光明展開，升起於外者，猶如落日光線，輻射於外下方。如是，此諸光明展開，內中而依外觀，各種顏色，四大之相，相續不斷，為顯現義。猶如迷失五處，以外五大執著為因，猶如生起，是諸五位之力。此者，為一切生死涅槃之根，為一切苦厄之根，一切習氣之根，種種業之根。基位之明，猶如從障蔽而有阿賴耶識性相，於色空法虛空，一切不想，一切不現。對障阻張開力之領悟，猶如酣睡和昏迷時分，其名稱曰阿賴耶識。此心性中，廣大無邊，為雜染、瞋恚體性，為無明的紛亂繁雜，為阿賴耶識體性無明和生起瞋恚之力。由此一切，如若障蔽，則會障蔽毗盧遮那佛身。一切之中，如若障蔽，則會障蔽色身之蘊。從此劫中，業風吹動，為雜染、嫉妒體性。由此體性無明而生嫉妒力。若一切障蔽，則會障蔽不空成就佛身。若一切障蔽，則障蔽行蘊。由業風作用，阿賴耶識到達清淨空性，為阿賴

耶含藏識。此為住於雜染、瞋恚體性，由此體性無明，生瞋恚力。若一切障蔽，則障蔽金剛薩埵身，若一切障蔽，則障蔽識蘊。從此，唯有我相，執於我生起，為雜染心，此為住於雜染、我慢體性，由此體性無明，生我慢力。若一切障蔽，則障蔽寶生佛身，若一切障蔽，則障蔽受蘊，從此心中而起，安放基位色空法。示現處之力，而放光明，於此，其名曰心。此為住於雜染、愛染體性，由此體性無明，生愛染力。由是，如一切障蔽，則障蔽阿彌陀佛身，如一切障蔽，則障蔽識蘊，如是四大五光，生起變化，是為大種。若如是，五光明佛母中，五大明王和五大佛母，五蘊明王和空性佛母中，明王之相，住于法智雙運。羯磨洲曰：「萬物世間清淨之佛和佛母之界，從五智自性 光明而生五光，入於執著成為五大，而起變化，明王、明妃任運成就，是謂圓滿。滿足於法智不二之界，猶如所教，住於最初佛清淨自性，一切尋思，從根變化而生，顯現於蘊。迷失五位，是諸一切，從內光明五體性外力而生。是諸生起，作用五毒，體性如火，猶如顯現於雜染尋思彙集的火花處。由如是顯現阿賴耶識而言，於阿賴耶識表示之空明分支中，色、聲、香、味、觸顯現境，無礙領悟，總共

有六，於此為所講心。從此業風吹動之緣及可以從基位升起之力二者，因緣和合時，所依基位，從基位自我與別人連接之色相中，為各種境相，為色相處一切境。於此，僅從眼識而言，則無業力，猶如大海顯現境，所稱曰境，猶如形色影像，星辰之中，名曰能執，所執者，形色。於此各處命名，能取名義，若觀各自實有，苦、樂、中三者，近取之心，耳之所執，其名曰心。復從如上因緣和合緣起而生，以可以生起因位光明力為因，以業風吹動變化為緣，此二者因緣和合時，猶如生起緣起之聲，黯淡無光。如若能依，一切所依，能依基位，如若連接，則連接基位聲現無二雙運。若一切生起，猶如生起音聲，黯淡無光。在心清淨光明與濁垢分開之中，現垢之處，無礙領悟。於此，稱之曰境。由業風吹動，現垢之處，稱之曰所取境。於此香中，命名各異，取各種義，觀各種實有事物的存在，樂、苦、中三者，為近取心。復次如上所言，從因緣和合緣起而生，以因位清淨光明可以生起之力為因，以業風吹動變化為緣，此二者因緣和合時，猶如生起緣起黯淡無光之垢。如若能依，一切所依，能依基位，如若連接，則連接基位，與香之相無二雙運。一切生起，猶如生起黯淡無光之香。

如是，心淨明中，味顯現境，無礙領悟，於此，則名曰境。業風吹動之力作用之味顯現處，其名所取境。此味之中，命各個名，取各種義，觀各種事物，苦、樂、中三者，了知近取心，於此，名曰舌執。復次從因緣和合緣起而生，以可以生起因位界明淨力為因，以業風吹動變化為緣，此二者因緣和合時，猶如連接所依生起味之黯淡無光。一切所依，如若能依，能依基位，連接之中，如若連接，則連接基位和味之相，無二雙運。一切生起，如若生起，則生起猶如黯淡無光之味。如是，所觸身的清淨光明，現處之境，無礙領悟，此為所言境。由業風吹動作用，觸顯現處，為言之顯現境。此所觸中，命各自名，取不同義，觀不同事物，苦、樂、中三者，近取之心，為言之心執。復從因緣和合緣起而生，以可以生起因位內潔淨光明力為因，以業風吹動變化為緣，此二者因緣和合時，猶如生起緣起所觸黯淡無光。一切所依，如若能依，則能依基位。連接之中，如若連接，則連接基位和所觸之相，無二雙運。一切生起，如若生起，則生起猶如所觸之黯淡無光。

總之，所觸境若接觸識，應領悟五門識因。是諸一切，以基位和心二者一同表示之空明分支為因，以業風

吹動變化為緣，因緣二者和合時，應領悟唯有顯現為色、聲、香、味、觸之諸顯現緣起，各個竅門中間，若心想顯現，則於夢境和中有顯現，無粗大身。從觀察各種顯現境的情況，應該了知。由業根顯現的各種景象，五門之識，則無優劣善惡分別。此境執著而無分別者，如一杯水，佛觀為甘露，人觀為水，旁生觀為飲料和房舍，餓鬼觀為膿血，地獄觀為糖煨⑭和鐵水，為各自不同之相，此義之中，從一杯水到無的情況顯現者，僅為緣起，如是執著於內、外、密二取，是為迷失。復次由外器世間彙集之形色粗尋思者，所取境和優、劣、中三者近取心，為執著心，猶如外境二取和五門所遇之境，於意境中，升起義共相⑮心境。例如，想螺之識，由所遇境內，二取和合時的一切種相。我相隨眠，往昔雜染心色法等，於情世中，相不粗大。於微細隱蔽分，處者，是對境和我所執之我微細尋思之人，是為心執，是密二取。是諸根本變化者，為從此密二取處，為內外二取。此義之中，從密二取而執，三種二取，而非不同。

　　有些之相，是為困倦，復一些相，亦有願心，是諸一切形式中，一切之相，現於尋思和自心主體，相心二者，而非一種，唯約略現，為現於境。變化之況，若相

心二者為一，心想古印度時，相亦應到達古印度，若心想漢地，相應到漢地，心滅則相滅，是應該行，此者非是。若心想各異，此者亦非，若愚昧無知，相顯現不變，因顯相者愚昧，猶如此中，若相如前，僅只因緣和合緣起。例如，而非大海星曜，大海之外，非是星曜，水月光影，復不存在。因緣所遇緣起，決定於相，應知是諸之喻及喻者道理。

如是八聚相，而相生起，為一切輪回處，因離開相，為勞倦於三有之頂，如是若謂形成世俗之劫。形成之時，無依空性界，形成黑色風山交叉杵，此之上方，有明靜海，海之上面，而有大自在黃金地基，是諸本性，形成火的半月形壇城，從濕暖和合，情器世間諸有情眾生依次形成無色界、色界、欲界。勝義之中，亦非如是，空性無所依者，心性色空，風山黑金剛十字杵，為所持業風，靜明大海，為阿賴耶識。名曰大自在黃金地基者，為雜染心。是諸一切本性，稱曰火的半月形壇城者，為心識。稱曰濕潤和溫暖和合者，為基位內明淨和心識二者的時和合。稱曰無色界、色界、欲界依次形成者，為有心性無色界。色界、欲界依次形成者，為有心性無色界、識色界、心和五門欲界。身顯現欲界，能

淨相色界，心不現之無色界，此為所言三界。

此後，世俗之中，最終由七火一水風息而謂壞滅者，了義之中，消散入識六聚心識，由火破壞。心識之處，隱沒入阿賴耶識，由水破壞，隱沒入業風之後，隱入業風所執，由風破壞。名曰最終化為空性而無所依者，是於阿賴耶識大千世界中迷失。因此，瑜伽行者，一畫夜中，形成成、住、壞、滅、空，四圓滿法，應予領悟。

如是，萬物生死涅槃之訣竅為；於萬物生死涅槃中，顯現於解脫中迷失之相，如幻生起，復次一切，是從基位體性，非同於其他。相唯障蔽者，例如明淨大海分支，星辰等等，影像所現各種相。此義之中，如同水本身者，應知喻和喻者，由是，所顯現的一切法，僅由自己心中顯現之相，而生起於己，亦從境和自己而有，毫不抉擇者，為金剛持甚深口訣，如是而言，秘而不宣。

（3）不染平等戲論過失

平等戲論過失，而不習染者，唯願觀暫時持明等法。復次臨時親自拜見大持明吽（）字杆時，如是請受曰：「我現莊嚴，體相如何？」師賜教曰：「嗟乎，善男子！五門之識，猶如虛空，為適應於一切處。

五門之識和尋思二者，時俱之時，外現情器世間，內現
內動情世有情眾生，中五妙欲相莊嚴。是諸一切，猶如
幻化，近取心如戲。猶如自性，應能了知，如是證悟瑜
伽，供品及一切施物如幻。因修密咒，修習空性，增上
密咒，供養施捨之境莊嚴。此六根境，無量妙欲，顯現
之處，由於供養，心生歡喜。於瑜伽道，二資糧作用，
變為圓滿，為如幻瑜伽殊勝門。復次所言，寶生部誓
言，四種佈施，應該常施，承認灌頂前行誓言後，應常
精進，十分重要。因此，猶如開始煨桑，因我如幻任一
本尊，以道而現，如幻密咒物品，因習密咒，而有煨桑
火爐，於空性中，而作淨治，增上密咒之色、聲、香、
味、觸物品，無不俱足。觀想天、地、一切虛空，於虛
空藏，神通變化。如戲者，至寶有寂之賓，於虛空聚，
猶如星曜，示現分明，怙主功德眾賓，於虛空聚，如雲
密布，唯於基位行走，魔種冤孽諸客，如空中游塵彌
漫。大地之上，六種悲憫諸客，猶如人天集市，彙聚一
處，如是觀想，是諸賓客，六根猶於水器之中，陳列煨
桑物品，心中所有，欲求受用，幻化而供，六根之內，
而不壞滅，猶如星曜升起。觀想其化為無盡智自性，觀
想是諸一切，歡喜信受，從一切習氣、昏迷，而能蘇

修心筆錄

醒，以一切修持， 而作護持順緣助伴。猶如最終，安置於幻輪，我供養者，供物供境，一切諸賓，於不可得心性，而作回向祈願，融為一體。早晨供水，亦復以我如幻本尊，釋迦能仁，或觀世音，身色手印，莊飾而成，猶如一切融合示現。是諸物品，以淨治密咒，俱足水器，於空性中，而作淨治。從空性態，紮（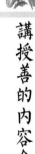）字事業，珍寶廣大器內，即彼物品，上方生起，白色唵（）字，紅色阿（）字，藍色吽（）字，三字連接，以增上密咒，從內一起，白色唵（）字，紅色阿（）字，藍色吽（）字，如雨降下。從我本尊手心，而生甘露，融入器內種子，而有樂空無漏，智慧白色甘露微紅，深藍顏色。觀想六聚之境，色、聲、香、味、觸供品，無不俱足。至寶有寂，怙主功德，魔種冤孽，六部悲憫之客，是諸一切，而作供養，由尊者講授，光明管有相，而作呈獻，得到勝負，無可諍辯，剩餘部分施品，於餓鬼王口中，大多化為火焰熾燃。心中回向，一切足飽滿意。一切幻相惡習，相續而斷，佛前觀想，最後彙集，回向祈願。下午焦煙佈施，顯現自性本尊觀世音菩薩，身色潔白，而有報身飾品、虹身。前方焦煙物品，而有火爐，淨治空性。從空性讓（）字，遍滿廣大

火爐之內，諸焦煙物品，於盡所有客，六根之內，色、聲、香、味、觸，于無盡虛空藏中，而起變化，接引如戲賓客。是諸一切，所需受用，不勞而獲。二上賓心，以樂空味，而得滿足，證得共殊勝悉地。二下賓者，得以解脫。最後觀想，三輪空性，融為一體，作善資糧回向。黃昏捨身⑯，上供下施，使這捨身，化為一切供施呈獻。昔前如來喂虎，佛慈悲力，捨身而施肉食於羅剎五兄弟，王后曼達桑姆捨身喂虎。以一切無垢俱足，而諸施妻、子者，大菩薩行，施珍貴財物，亦非一件，願得馬象百匹，妻、子一千，捨身供施。這世間所珍貴者，為殊勝身，若捨身供施，則能依所緣福德資糧，由空性智慧資糧，而得圓滿。首先生出自己之身，身之中間，中脈於空宅中，如立支柱，中脈上端，從頂上天窗口打開，下端伸至臍下，猶如竹節而沒。復次四性相俱，心口前方，風息心識體性，白色明點，如母雞新蛋，光明示現，滑利轉動，一起一伏，騰飛而起，猶如隕星，第一吙（  ）字，融入其內，第二從內而立，第三剎那，猶如水中冒出水泡。麻吉黑忿怒母，身色青藍，一頭二臂，右手執制服月刀，舉廣空中。左手而持，三界受用，顱器盛血，置於胸前。右足蜷曲足根，專注薄伽⑰

83

，左足伸出踏蓮日屍座。睜目卷舌，露出潔白鋒利獠牙，閃動瞋恚三目，怒紋猶如，水波密布。頭髮紅黃，生死流轉之頂，蜷曲之中，黑豬之面，從瞋恚睡眠驚醒。佛父明王，黑如迦體性，三股卡杖，能恃左腋，屍林八器，骨飾六事莊嚴，智慧火堆，熾燃之境，而修相空智慧化身。僅只右手，彎刀範圍，此屍伸展，倒下外軀，粗糙剝皮，於地上均勻鋪開。此之上方，三身象徵之義，自然而生，骷髏竃石，幹、濕、枯萎三者，三平分上面，安放骷髏，而作阻斷。骷髏竃石之上，懸挂之中，人屍拋棄，沐浴洗濯，骷髏竃光，中央央（ ）字，業風讓（ ）字，業火風吹動，由火燃燒，骷髏燒熱熔化，泡沫沸騰，溢流於外，熔於人皮之上，食者肉山，飲者血海，啖者卵石之縫。舐者脂肪熔化之屍，吸吮骨和梢頭軟骨⑱。東南西北，而盡所有，天上地下，無盡妙欲。虛空藏中，而作增長。中央一切善逝，正徧知如來之身、語、意加持字種，白色唵（ ）字，紅色阿（ ）字，藍色吽（ ）字，如雨降下，融入甘露。即彼甘露，白色之中，微微帶紅，青藍之色。口中微觸，則覺解脫，於智慧大甘露之中，而賜加持。從水泡而生，內、外、密供，不可思議，而作變化，呸（ ）字

講授善的內容含義

84

字種，脛骨號聲，眾賓客聞。第二從住處前行。第三從黑暗中而聚。虛空之中，三寶有寂之賓。佛、法、僧、上師、本尊、空行、法身、報身、化身，一切傳承上師，猶如星辰聚集，光彩奪目，而作示現。虛空之中，功德賓客，八大諸天、八龍、八曜、九怖畏、十護方神、二十八宿、四大天王等等，猶如雲集，籠罩彌漫。而於大地殊勝上方，魔部怨孽之客，男魔部眾，女魔部眾，龍魔地祇部眾，破敗魔障，十八種死，十五魔童，五百羅剎女母子，世間九魔，寺院十魔，瞬間殘留小鬼。等等一切，於虛空中，猶如光塵彌漫。大地之上，六趣悲客；地獄、餓鬼、旁生、非天、人、天等等，猶如天人，彙聚一處，從而示現。從己心間，無數羯磨空行母，而作戲論。以諸右手，寶瓢澆灌，注入左手顱器，而作呈獻。至寶生死涅槃眾賓，摩尼金剛蓮花光明管相，呈獻甘露精華，心中樂空之味足飽，二資糧圓滿，淨除二障，證得殊勝共悉地。怙主功德眾賓，劍鞘呈獻，甘露精華，心中樂空之味足飽，衰退補足，無邊事業，無執成就消除內、外、密障。魔眾怨孽眾賓，以淨血肉，甜甘露等，而作迴向，得勝負無爭，除淨怨債仇恨，息除一切，惡意爭鬥，一切惡行，菩提心珍寶，

修心筆錄

相續而生。惡業迷失因緣，習氣等淨，證得佛位。悲憫六趣諸客，各自消除，苦厄法藥，淨治惡業之水常流，各自脫離六趣。一切苦厄，障垢習氣，所有淨除。樂空現中，集聚五方刹土，佛及徒眾，顯現之處，從輪回穴，而得拔濟。復次所餘一切塵垢，聚於顱器，以智慧甘露，而賜加持。其餘賓客，表面歡喜，內心不悅，因威福小，行動緩慢，殘廢、耳聾、眼瞎、啞巴諸眾之中，而作佈施，各自信受，一切受用足飽，脫離苦厄。表面歡喜，內心不悅眾客，語氣倔強之力與俱。威福小眾客，自在圓滿，而有權威。行動緩慢眾客，而俱敏捷，俱智慧眼。一切瞎眼眾客，有耳聞根，聲啞眾客，有善言舌，笑逐顏開，一切相續，樂空無盡，殊勝智慧。另外，無暇而至之客，持盆夜叉，持鬘夜叉，眷戀山頂夜叉，餓鬼婆，護藏女諸客及不來聽法者；持髏男魔、瘟神女魔、地祇腹行。男地祇中，眼睛各別之業行現分[19]，唯苦厄諸行。因甘露於原處分發，一切能以足飽。幻相苦厄，一切怖畏，如從夢境而醒，本性清淨，證得圓滿菩提。最後我損棄者，損棄之境四客，損棄物品如幻，一切而有幻相。第一把呸（ པྚ ）字種，融於化身，第二融於受用身，第三融於法身之後，因空性直

講授善的內容含義

86

接顯現，唯根本定。復次猶如從水冒出水泡，觀想自己剎那現於觀自在身前，一切鬼神，萬物聚集，聽講經說法。觀想自身放射白光，一切男人，證得觀音果位，一切女人，證得至尊度母果位。是諸一切，手印會合，猶如腳步環繞，斜視雕群，於虛空中，飛翔鳴叫，今世往生，極樂國土。空性之中，融為一體，淨妙回向，圓滿菩提。

復次供養護法，若無如幻之心幻化，天人歡喜，不生損益。觀想從首先示現隨一自性本尊心口，黑色光明，遍滿世間，進行放射。一切為害邪魔怨敵，彙聚之後，朵瑪食子不二，進行勾召，使諸十惡怨敵魔障聚集。最後從內發出，智慧自力，種種之相，如雨而降，救度衰退壞失之肉山血海，共等虛空。以淨治密咒，使供品物資，一切不淨，於空性中，而作淨治。空性之中，從己心間，有一阿（  ）字，而作戲論，廣大顱器，外白內紅。三千世間，共等之內，五大精華，朵瑪食子，是諸物品，彙集這邊，肉山血海，骨縫中間，三白三甜，鮮奶、酸奶大海，種種水果，所依修供，酬補供品，各種各樣。野獸、鬱金色獸，而棲水邊。飛禽走獸，各種各樣。護身鎧甲，銳利武器。所觸柔軟，華麗

之衣，各種各樣。復次供品妙欲，藥丸、朵瑪、甘露，輪王七寶，等等供物，不可思議，而無窮盡，各自諧和信受，相續不斷，生起作用。自性之中，而作淨治，六咒六臂，而賜加持。自己前方，莊嚴圓滿，智慧自光，火及虹光，中央火煙，籠罩彌漫，父續護法怙主，四圍佛母，傲慢八部，一切猶如本文所言，身色、鈴杵、法器標幟，飾品形式。所乘快馬，護身鎧甲，所執兵器，銳利錚鳴，衝突爭鬥，忿怒猛厲，具足威勢，以上生起，前後之間，從五大界，如己護法。無量迎請，融入生起之佛，屢屢觀想，僅只呈供，呈獻之物，熱氣不散，不忘名稱，丁丁而呼。如若修持，從無之內，存在有者，猶如以土、石、木，壘成屋牆，是為現前，而無其他。一切智力顯現，是於佛善巧方便之中，以諸悲憫，唯命名曰，密咒護法，反之則無。復次了知，如幻神通，而呈供養。是諸武器，寒光中空，朵瑪食子精華，而作引導，觀想呈獻，以樂空味，而使足飽，殊勝威力，而能熾燃，修瑜伽者，四種事業，應無執而修。

復次呈獻之時，觀想從己本尊心間，放出無量供雲，護法諸眾，受供而樂，最後託付，一切所求，而去集聚。等等不作，不證菩提，地道之中，皆為法障惡

人。觀想一切順緣，淨妙資糧，而能增長，則作善友，永遠居於神魂石生命運轉之中。總之，修護法時，應經常不變，最終自己壽終之時，如幻贖罪，無論是誰，如若心想，不應湊合。如是，於生死涅槃變化之中，而得證悟之瑜伽行者，所修無上妙法。復於一切法如幻中而作證悟的瑜伽行者，從己與彼，生起自相是諸有情，顯現之處，變化之後，從無始時，積集感受及感受變化之一切所行，因方便殊勝攝受，猶如現尋香城，以兇暴威猛，而作制伏。猛利事業之相，於慈悲攝受中，息除事業，示現莊嚴。多劫剎那，變化之後，諸眾兇猛之時，而以三洗滌處，密意制伏，從留戀諸處，轉移之門，而作攝受，猶如夢醒，不辯空性，迷失之中，為驟然連接之力。如是，於如幻大瑜伽中，控制之力，法如幻中，生證悟根本。

於此，首先以兇暴猛厲，於制伏救度行動中，這三生命關鍵，十分重要。觀要點者，則知生死涅槃，自己顯現，而非別的。此為觀的大關鍵。修持關鍵者，為不離本尊等持，心中所見，是不迷失。所緣命者，應俱一生洗濯根本。於此，三顯現者，觀想自己，一切本尊身中，以道顯現，上身分支，為口傳上師，腰間分支，為

89

本尊聖眾，下身分支，為所有空行護法。如大海星曜，光彩奪目，生起之中，內器世間，一切有情，化為本尊自性。是諸一切，可滅怨敵魔障，而作救度者，自己之中，而有不退轉根本。即彼普巴橛金剛童子，上身忿怒明王，三頭六臂，下身天鐵，三棱橛杵，則從虛空宮城，本來住處示現，從巨黿之口幻化，馴服吐出。示現之空心結上，五部寂靜本尊，而有宮殿，空心結柄，飲血金剛九尊，而有宮殿。空心結下，威德護橛，宮殿俱足。祈請觀想，從此三處，三字種光明照射，諸佛灌頂加持，彙集成就，融普巴橛，唯身倨傲，唯語而傳，唯意而動，一時證得，三界救度，無礙根本。所緣怨敵魔障，公開顯出者，從己本尊心口，字種艾　（ཨེ）字，呈青藍色，而作懲治，事業閻羅，屠宰場中，於內罪惡五毒本質，籠罩愚癡黑暗。下方充滿，愛染血海，角落之中，倨傲山洞，浮雕花紋，坍塌崩毀，破爛不堪。於外，瞋恚火堆熾燃，三身任運成就之相，三角三毒之內，救度之三次第與俱，魔和閻羅師眾，不能為害。因此，而有虛空法中，觀想沒有猛刺網眼圖畫，於此之內，以智（ཤེ）字種，對準怨敵，以遮（ཟ）字種，對準魔障，光芒放射，怨敵魔障之魂、壽、命三者，一

切三千世間之內而有，剎那之間，集聚散滅。此處之中，而作變化，即彼怨敵，魔障哭泣，死眼望生，表情悲痛，而以鐵鏈拘住手足，紅白菩提，向下而降，裸露無遮，猶如丟棄草場，窮困無助，離開所依救援，是諸怨敵，呻吟發抖。復次外器世間，怨敵之魂、壽、命三者，一切降於自性之中。對怨敵必死之自性，所緣者，為彼不遍傳的殊勝根本。三布薩中，第一我布薩；從己本尊示現之口，吽（）字無量照射，滿溢生死涅槃一切之界，諸佛剎土，三界情世，一切而有，猶如多次溶於鹽水，隱沒而入，是諸吽（）字。這邊彙集，因隱入己，修持化為所有生死涅槃之大福德。第二橛布薩為；金剛事業橛，殊勝金剛童子，公開示現，普巴橛佛塔小像之火，猶如火花而散。盡一切萬物生死涅槃，如前而言，二種有寂彙集之一切法，猶如多次溶於鹽水。隱沒入金剛橛，一切有寂之力，圓滿彙集。第三怨敵魔障布薩；魔鬼俑像，怨敵公開顯出，放射黑光。一切怨敵魔障損害之魂、壽、命三者，福德受用與俱，猶如一口水噴灑，彙聚之後，滲透魔鬼俑像，一切損害，彙集圓滿。復次遣使勾召，從己心間，現自性佛，使者持無數鐵勾、羂索、鎖鏈、鈴鐺，從壞劫業風放出怨敵魔鬼

之魂、壽、命三者，一切猶如紙灰，唯風吹動，於虛空盡，狂風輕煙，猶如驅使。如是七次勾召，每一次間，怨敵之魂，屢屢被拘。無論任何勾召，則勾召識。魂識之中，如看門狗，往復遊動。捆綁勾召，以使怨敵魔障，神志不清，以佛密咒等持，捆住之後，如若殺戮，應滅其魂。連接身心，亦稱祖先至尊之神，若一切誅滅，應誅滅命。間或，手概微微限制于怨敵魔鬼蘊界生處，猶如攪拌酸奶酪乳汁，而成酥油。魂之本性，化為白色智（）字，從概縫隙，以一口水，向上而噴，猶如勾召。以我本尊，日月座間，屢屢滲入。數次勾召，直至顯出原形，魂的原形現出之時，而做捆綁，從我心間，放出深紅色光，照射器物間隔。怨敵之魂、壽、命三者，從所有身、語、意三處，緊緊而縛，一切飛翔，搖擺之力，而得禁閉，猶如拋向石灘，所緣變化，與佛分離。總之，與佛分離，從適時極度離開，早離開者，死去之魂，最終離開之後，到最先我魂，是與佛失去共等。魂離主體時，從隱穴之口離開，離開二翎。剎那女魔，為鴟梟臉和烏鴉臉者，共有二種，女身而生鳥羽。怨敵魔鬼，諸神沉迷，昏沉之中，放出惡臭。由此二者，發出怒吼呼嘯。於隱穴口，爭鬥衝突，煽動翅膀。

魔鬼之中，能為依怙於一切本尊而護法者，則離昏迷狂亂，怨敵魔鬼諸眾，後來呼號而逃。以二女魔，與己相似，無量照射，一切足爪，希求騷抓之翅，猶如扇喙，斷而食之。邊際大海，彼岸洲中，懼怕黑暗、山頂，因此，愚癡死不回頭。依照念誦，離開密咒，以翅於頂棚中，燃熏煙料。

入狂亂者，彙聚三界，一切有情業風，而現黑色，從怨敵魔鬼之無名指尖而入，於命脈內，以浮動力，使之極為昏迷，呼號之中，心之所緣和持誦劊拉巴雅（ཚེ་བ་ལ།）。

四字種後，從此之時，修洗濯、等住教法，如前所言。顯現於普巴橛之殊勝徒子，於怨敵魔鬼形色之中，由唯一範圍，蘊界生處，猶如攪拌酸奶酪，從奶中擠出酥油一樣，化為怨敵之魂，體性白色智（ཧྲཱི）字，光芒俱足，猶如噴一口水，普巴橛尖，而作彙聚，隱沒入橛，猶如以皮口袋，盛滿奶酪，充滿欲溢，普巴橛杵，以魂如意。復次蘊界生處，微微擾亂，福壽體性智（ཧྲཱི）字，化為綠光，普巴橛尖，而作聚集，一切垢罪，從隙淨治，從橛上端升起，而隱入己。觀想增長福壽，瑜伽行者，壽極如意。復從普巴橛尖，放射白光，怨敵魔鬼，

相續罪障，一切雜染而淨，洗濯教法和櫬加於怨鬼心間時，怨敵魔鬼之識，如水器口朝下，引水灌溉，化為白色明點阿（）字形相，從櫬間隙，向上牽引。爾時，雜染和一切所知障，猶如擦拭白色玻璃之垢，因而潔淨，以誦呸（）字，從空心結下，遷轉於化身密意，從雙持遷轉於受用身密意，從空心結下，遷轉於法身密意，猶如流星而逝。隱沒於前方生起之主尊心間，於四身五智密意中央，觀想已成佛者，從怨敵處得勝。最後，色蘊之上，由一切諸佛事業幻化降下各種共殊勝雨。三毒三身，五毒五智之中，八萬四千種雜染，八萬法蘊，觀想救度，為共祈所緣。杵中砸者，杵黑忿怒母，虛空孔道之中，怨鬼蘊界生處，一切聚集，以方便殊勝忿怒本尊（現忿怒相），甚怒摧毀之杵，砸下之後，觀想以杵砸為粉塵，細末之中，念誦「達塔雅」（）咒三遍，以所緣等持，從根而砸。是諸一切血肉體性，智慧甘露，化為肉山血海，供養頂上本尊聖眾，心間樂空之味足飽，二資糧圓滿。剩餘肉山血海，於一切護法面前，均勻供施於寬廣鎮魔坑。無礙送往得大受用之喉。於法性大範圍表示的食物中間，要作掩蓋，剩餘食物，無餘呈供，得大歡喜。若俱如是根本，持咒者於穴口，

講授善的內容含義

94

亦應講說佛法。如不俱足，則如孩童玩耍，無事業果。所以，有觀修根本，則極重要。

　　壽終時接引，救度和接引二者，除靜猛之法之外，義中而無分別，首先於自己隨一本尊之身前示現，五智光明，霓虹宮門無隙，除非向上亦無間隔，亦無去處，於無之中，生起一白色智 (ཧྲཱིཿ) 字，從此光芒放射，死時之識，三界生出，四相六趣，生死輪回、中有，一切而有，隱入智 (ཧྲཱིཿ) 字，所有變化，即彼所緣。如復活時，界和生處與俱，形色端妙，年輕姿態，屈膝合掌，手執八葉蓮花，而作贈禮，穿戴佛衣巴扎列噶 （བཛྲལི）敬信姿態，悠閒恬靜，為需所緣。命終之識無依，去往隨心所欲之地，應是等持生起融合之重要關鍵。於此，從我本尊心間，光芒猶如鐵勾，由於照射，所緣境識，住於三界三有，如魚釣拉牽。勾召之後，屢屢隱入名相之中。於是，壽終解脫和智慧中，能作逆緣和道障的怨敵，魔鬼諸眾六根所行處；色、聲、香、味、觸等等九欲，受用俱足，而作轉化。由於施供，冤孽淨治，冤業宿債，除盡仇恨，歡喜如意，而無逆緣道障，去往各自之處。若不肯離去，而為損害，則現自性本尊身，於所有毛孔，忿怒聖眾，而無惡臭，拋出兵旅及真言芥

子，物品等等，一切魔鬼懼怕，盡往大海彼岸盡頭。如若觀想，這邊聚集，或觀護輪五次第，或六充滿，無論如何，則化為不滅自性，所以怨鬼，無論何時，亦無所見。

之後，觀想死時，對己說法。以三身自性，寶瓶之水，而作洗濯，淨除三毒障垢。以五身五智，六波羅蜜自性，智慧甘露洗濯，淨除雜染和所知障。猶如擦拭塵垢，以使潔淨，污垢以水，清淨洗濯。此後，從住處接引，首先從瞋恚、慳貪、愚疾、嫉妒、我慢、愛染之門，積惡業果。應受劫中，而有地獄、餓鬼、旁生、非天、天、人等等苦厄。是諸一時多劫，剎那變化。地獄、餓鬼、旁生、非天、天、人諸趣，為生出處，地獄能仁等大能仁，供雲於虛空藏，而能幻化，因為呈獻，資糧圓滿，障垢盡除。熱冷地獄，餓鬼饑渴、旁生愚癡、非天爭鬥、神死 墮落、人生老死。是為從死之苦厄而能護佑之商主。如是觀想，遣送而無囑託。觀孽壽終，生生世世，從無始時，雜染、瞋恚、慳貪、愚癡、嫉妒、我慢、愛染等等之業積集，由於殺生搶劫，所行異熟，為冤孽之主，諸主母中，以欲界生出朵瑪食子而作回向，一切 足飽， 冤孽盡除，宿債償還，離開仇恨，

而成正果。

洗濯教法，是由世尊、金剛薩埵彙集金剛部一切聖眾之大圓鏡智，由世尊阿彌陀佛彙集蓮花部一切聖眾之妙觀察智。由世尊毗盧遮那佛彙集佛部一切聖眾之法界體性智，由不空成就佛彙集羯磨部一切聖眾之成所作智，由寶生佛彙集珍寶部一切聖眾之平等性智，由釋迦能仁中等諸佛之意自生的大智慧加持之流水洗濯。從雜染、瞋恚、慳貪、愚癡、嫉妒、我慢、愛因，一切種子、習氣，猶如玻璃球塵，明鏡積垢，以水洗濯，是為清淨。

壽的教法：從己本尊心間，放出長時光芒，猶如邊火。出現之後，地獄、餓鬼、旁生、非天、天、人等等，出生之因，種子、習氣與俱。足心為地獄種之字黑色嘟（ ཏྲ）字，密處為餓鬼種子字暗紅色遮（ཟ）字，臍間旁生種子字灰色知（ཧྲི）字，喉間非天種子字淺綠色松（སུམཿ）字，頂上天的種子字白色阿（ཨྱཿ）字，心間人的種子字深綠色智（ཛྲ）字。各種字種而住，猶如細小木梳，火中熾燃，燒焦馴服。燃燒之後，剎那猶如酣睡陰暗昏迷，清醒之後，生出轉依。壇城東門根階，住八葉蓮花，復次從壇城東門，次第頂禮祈由諸護門者，拜見

97

壇城諸佛。從自性本尊心間，以紅色讓（ཨྃ）字，加持放出溫暖，照耀徒子，異熟、習氣彙集，騰騰熾燃，識化為白色阿（ཨཿ）字形相，生起面前。主尊之面，如一滴水澆灌，經由身形，從佛母左腋下肋旁生出，化為本尊之身，如前住於東門根臺階。復次即彼灌頂示現佛後，從內智慧，融為一體。依次五部灌頂；身、語、意灌頂，隨後接連四部灌頂，專注之時，從我前方心間，現自性佛，猶如流星，隱入徒子諸處，證得所有四灌頂。此後，妙欲飲食，而作足飽，懺悔所行，於不可得空性中，而作淨治。從空性態，白色唵（ཨོཾ）字，於珍寶廣大器內，融入三金剛字，無盡妙欲輪，於六根境，化為九欲，無不俱足，作受用後，而為呈獻。

呈獻妙欲者，五部世尊善逝如來之中，壽終蘊界生處，而俱妙欲，作為呈獻，淨治一切聚集之障，五蘊五部善逝，五界五大佛母，於五雜染、五智自性中成佛。酥油燈回向者；五智之我，以酥油燈回向，淨除壽終之一切無明黑暗，是增長五智慧相。

此後，住所點燃者，如前所言。修持壽終之時，示現佛身中央，四性相俱，於心間頌偈之前，化為風心識的體性白色明點阿（ཨ）字形相。由第一呸（པྲ）字，剎

講授善的內容含義

98

土示現。第二識別，第三以定見證得堅固圓滿力。復次即彼標識之中，為了雜染識的所有垢彙集，三毒三身，五毒五智，八萬四千種雜染，八萬法蘊火，熾燃之後，集無邊輪迴之內，且以如是如幻瑜伽，猶如神通變化，救度接引。所現一切法，如夢如幻，而作證悟，無中現有，於己影中，執著現前於己瞋恚之境，各種之趣，現于大海，是為迷失。猶如水中，眾多星曜，複次義中，由一種水，猶如幻化。生死涅槃之一切相，願觀由一心性，束縛之態。平等示現，處平等，道平等，果平等。三業之中，首為基位本性如來藏。

第一，有情眾生，於不迷失之前，是由一切過、垢、習染，此諸若能領悟，為處平等。第二，有情眾生，迷失之時，迷失之根，基位性相，而無所見，若進入基位自性清淨身和大智慧自性，為道平等。第三，佛究竟時，最初基位，因我未曾領悟一切過垢，從顯現中而得轉化，安放新功德者，你處亦無。例如，太陽被雲遮蔽之前，陰影之處，離開雲等三處，猶如太陽體性，好壞善惡，一切不變。不變的離戲論法界，則為如是。《現觀莊嚴論》云：「前後無別，本性變為純淨無垢」。

稱曰心性如來藏，於空性中，若不識己過，則為罪

99

惡，本性飄泊。同時飄泊過失若不辯識，沒有自證，則有他性之佛，而自相續，如若算是，佛於所有虛空，可能而有，想由是智慧功德，應為善如來藏。真實而言，於饒益境，本性飄泊，是對如來藏沒有領悟。根本而沒從自己心中顯現的影像到其他有情而自相續。如若說有，猶如有情，而自相續，僅同於虛空邊際。如可能有，則由是業、雜染、罪障、習氣等等，於基位如來藏中，應心想過失。因無損害之境，由於本性飄泊，而不沾染。基位如來藏，離開戲論八邊，有解脫三門。第一為離戲論八邊之況；吉祥怙主龍樹論師曰：「一切所依，在連接中生起，無礙無生，無斷無常，無來無去，非不同事，非一種事，戲論永寂，永久寂滅，此為一切諸佛所詮，妙善頂禮！」依此言說，基位如來藏生處，為離一切我執之我。基位如來藏，從地、水、火、風而生，非是心想。基位如來藏，顯現於地、水、火、風，為如來藏幻化。此如來藏，從虛空生，不是心想。如來藏現於虛空，為空如來藏幻化，以如來藏，現出四大，是諸四大，為如來藏幻化。因此，外五大界，不生如來藏。總之，顯現的一切法，亦為觀察中生出，如花絢麗，將生出地，而非此時。諸執受生出者，生死和現在

才生，為未來生，非是現在生出。熱穹多吉劄巴上師[20]曰：「過去尋思，停頓而去，不生未來尋思，不識現在尋思。」此為由如來藏生出的盡頭，由於尚未墮落於飄泊過失，而未沾染。

心性如來藏受阻時，為離開自己。總之，示現的一切法中，而應觀察，現今無礙，如花形相；第一為執受生出，如若障礙，而非現在，因此，離開如來藏之飄泊過失，是不沾染，而非心想，是心性如來藏實有的彙集。不墮於實有存在，由一切諸佛、世尊之目，而無所見。因所見不動，離開常邊，是由飄泊過失而未沾染，而非心想，基位如來藏，一切皆無。不成為一切皆無中，由萬物生死涅槃彙集之一切法的殊勝總基位中，不墮斷邊，是飄泊過失而未沾染。持明無畏洲曰：「有即非有，佛本無相，而非無為之一切生死涅槃基位。此如來藏，是有情所在處，為從一切我而死之我。法身如來藏，行于東南西北，或如心想，而非沒有，從如來藏而顯現於東南西北，為東南西北如來藏的化身。如世間法，眾生無現世。猶如鞋底皮補靪向上撐起時，心想為眾生今世。如於土中搓揉踐踏，為眾生之死。現應修者，為眾生未來。此之中間，眾生無現世。因此，不墮

修心筆錄

於如來藏眾生之邊，是以飄泊過失而未沾染。基位如來藏的所在處，離開來之邊，是因飄泊過失而未沾染。」

法身如來藏，唯一義之我，是而非是。基位如來藏境界，於萬物生死涅槃之一切法海之內，猶如星曜升起，而不融合，因各自升起，離一義邊，如同飄泊過失而未沾染。生死涅槃，廣大相中，猶如生起眾多大海星曜，於大海中，猶如他人，同於基位如來藏本身，離各異邊，是飄泊過失而未沾染。因此，這心性如來藏，不墮戲論八邊，是飄泊過失而未沾染。

三解脫有法者，始絡而無誓願，從上下方維，中間之時，脫離空性。人們迷失之根，於上下方維，能執義中，而不積集，例如到達以東方命名的東山頂時，東山中央，而有這邊，此之那邊，亦有東山。以前，這西山中，亦有這邊。如是，於方維上下，一切類推。因此，是對於上下方維，而不認識，不認識中，而有認識。執著者，是自己對自己而講假話。大鄔金上師曰：「無方向而執於方向的諸眾生，自己束縛自己而迷失，是可悲也。」

在案空性遍滿一切生死涅槃的展開之中，稱之空性。在無一切外境顯現，而名假有義中，若實相諦實有不存在，為外境空性。若觀察內境自我，離開生、滅、

住三者，因脫離一切位和根本，為內空性。外境顯現和內境所執各異，僅為假立。因二取中，堅固不壞，或不存在，為大範圍展開，空性相續，是解脫門，稱之空性。基位法身如來藏，無有形色，詞句之中，而無解說，離開言、詮、思、議，憑藉比喻，匹敵人相，為死。此者之中，由能講解的事物，言空性解脫之門，是為無相。法性如來藏者，壽終而不迷失，不住於今世、來世等可能迷失之三世，是為如來。於此，以身變化，以語念誦，以心修善，使心淨治。世間人禪定，僅以等持善加行果，往生其他剎土，心中得證解脫。普通表示虛空輪圍來去之處及我心者，使人變得頭暈轉向而迷惑，此中，若為一切道，唯有能持自己頂上之處，為道。若一切證悟，則以萬物生死涅槃而彙集的一切法及各自證悟之智而作抉擇，現證無我之智，即彼法界體性、本性、空性智中，僅為證悟。若一切解脫，則由自己成佛，境遷轉開和不願解脫往別處者，為十分迷失，唯有定見解脫。執著於解脫地和解脫於別境之諸精進者，為十分迷失。由此原因，從己頂上和自己誓言，於彼果中，唯心中無願者，不願去往解脫之門。嗟乎！童孺智根，以您如是。萬物生死涅槃彙集之一切法，僅由

心性，所作束縛。平等性中，諸言證悟，僅以耳聞，解脫不變。此諸講解，執受本性、空性之中，逐步觀察。混雜之門，自相續中，感受很深。從心性不變的四種信念，而能現證。追隨之人，從以前誓願而連接的大圓滿法中，俱控制根器。於有情緣分，所教猶如是義，是諸一切，於一頂首，如若修持，以持明大吽（）字杆，挂帳蓬前，以彼密意相續之一切加持，猶如薩乍（）碗，而作變化，長時間中，而能尋得，不執著生命身的金剛果位，現證解脫，邪魔不生。如是所教，秘而不宣。

（4）宣說無餘功德內法任運成就寶之我，而有一切成就之法：

復次光明態中，為不了義。光明態示現中，妙吉祥文殊所言拜見獅子桑噶之時，我問如是：「嗟乎！祖師世間怙主，情世一切相，如從自己心中顯像到他人本性，由彼決定，一切佛名號，剎土各異，而有諸種？境自相續，有而非有之理，祖師教我？」如是而問之時，師賜教曰：「嗟，善男子，聽吧！基位法身如來藏內法，則由任運成就寶之一切功德而作基位。於佛及佛剎土，佛父母越量宮等，諸種示現。自己原來基位圓滿者，是於智慧和他境中，所現如彼成就者，為法。於己

104

基位，一切身智力功德圓滿所行者，其他所言，而有情器世間，是為世俗。如是，基位如來藏自我任運成就身和智慧化身者，於了義和他境中，佛剎和佛父母明王、明妃名稱，示現之相，一切而言，為不了義。」

順應輪迴之門，而不脫離，顯現於勝義世俗者，為觀。總之，從生起生死涅槃二者任運成就寶之力，僅只如來藏自力。一切生死涅槃不離自己神通變化，此中，由諸調伏常持世俗精進等俱，道中能依。勝義離戲，啟齒法中，順應輪迴之門，一切而言，是為世俗。有情眾生迷失現分，降於積集福德之門。如頂禮中，唯站起而停於地者，非為積集福德，是恭敬心，是勝解善心，此為生福德蘊之義，是故為基位如來藏的一支箭。如是環繞巡行，唯步起落，供水計水碗數，以語念誦。僅只以言，背後中傷，是為非善。是諸善心切切而生，此為法身如來藏的一支箭，是義轉化為善。不善業壞滅，積集善中，了知是基位有情，因以屠殺，兇惡殘暴，一切生起，於清淨涅槃加行之有情眾生中，應作實修。到彼岸之命根停滯不前，或者於此，因作隨喜，轉化為善。如是夢境，亦如佛堂，從福德積集之夢，明天我想，歡喜之中，轉化為善。罪過亦然，善惡尋思，一切而生，

修心筆錄

105

為如來藏的一支箭。生起善惡苦樂，種種之相，亦為此義。於此，外表為外道徒，自以為是，吹噓自己證果，不證言證。若是自己道中精進，則會證得希有之果，是為轉化。由是，從自己道，真實現證，是如來藏的一支箭。對外道徒，亦不惡言斥責，例如笨教之中，如從正法而取，是有名曰大種者，俱足精進，稱曰有完全證悟，以阿（）字引導，從二十一明點之門，所講虹身成就，苯教之中，亦不抵毀。從聲聞乘到一切乘，因修如來藏，由界、根、思的每一分支，自己希求證果，而得一切，為一切諦。是諸一切，為從如來藏而求自己之道，道公開現者，誰亦未見。猶如大海之中，由於有情眾生，不可思議，現於面前，高低大山，自己應得之份，受用之中，得一口海水時，似如無有。發心亦為，最初諸業，而發願心，不可思議。發心亦於業開始中，十分重要。身、語、意之善，以百、千、萬、十萬，則不為過。證悟空性，悲憫他人，而不應修。然則今世，大多數人，空性證悟，則應修悲憫他人。是諸言者，猶如自己有火，他人而熱，應予探討，為所言說。空性證悟之瑜伽行者，悲憫之境，為現證菩提。從此，由其他尋思，於基位中，補綴而修。佛與有情，是為願心，極

講授善的內容含義

到盡頭，佛教法中，無不究竟，不了義、了義、祕密義、非密義等，不可思議。唯佛經四句，諸多善巧，而作注釋，義證者難。猶如大海，眾多有情，飲一口不得。一切自己心中顯現景象，與如來神通，而不脫離。妙吉祥怙主曰：「地中生命想蘊，水中生命想蘊。」一些眾生，以清淨生命想蘊，或水中生命想蘊，或風中生命想蘊，或空中生命想蘊等等而是。現今取味成就的一切瑜伽行者，修持食風、空氣，似如長養。因此，調伏無緣之諸常持者，以世俗精進，道中引導，尋於勝義而無需精進之法，從密意基位如來藏之身和一切智慧相中，而作修正，順應所修之佛和越量宮等轉動之門，於境彼岸，示現而有，名曰刹土廣大境，為一切所言之道。於此，人們貪戀於骨，有莫乍嘎、阿嘉智阿波頓塞瓊扎、巴等二十一部中，共計有大骨五續，因誤導諸迷失者，一切佛以五身束縛後示現者，則由萬物生死涅槃彙集之一切法，基界及空性離戲大悟境中，由器世間彙集之一切法，猶如大海一切星曜法性，為一切器世間法性空。從有法的一切顯現，基位法性，無餘無偽，為自己法中存在的大法性。於此，法、界、根的分支不可思議，道的入門不可思議，感受不可思議，所證之果不可

修心筆錄

思議積集，猶如累積，有中存在者，所言名身。

　　基位如來藏內，任運成就身和智慧功德一切化身，於基位法性，最初受用，最初圓滿而受用圓滿，從有情眾生無明，雜染諸障，僅從我執之知而生，由夢境而觀現世和一切後世之相。觀情器世間所有妙欲，因無為精進而無須修，於受用中自我圓滿。成佛之時，亦為清淨解脫任運成就身和一切智慧化身，以無為精進，於受用中自行圓滿。一切受用圓滿、智慧功德，猶如積集，因任運成就，而名曰身。

　　從基位如來藏心性，心想變化之心不動，從基位自我，而是其他佛化身；有相化身、出生化身、色法化身諸眾者，執於我智，猶如水壺，如來藏中功德，猶如星曜，而升起者，於自我中，原處智慧慧作祖師的善知識上師，猶如能依語句證悟，能依白晝和夜間顯現之相，原地現證等等之中，而作調伏。自己心中顯現景像的祖師，於自我中，而作示現。

　　出生化身，是從己執於我尋思，於我相處受用之境，猶如自己雙足，其他則如多足、無足、飛禽、肉食獸、走獸，嘴長角者，頭上長角者等等有情，各種各樣，猶如生死來去，相續不斷，一切示現，名曰出生化身。

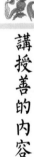

講授善的內容含義

有相化身者，於福德積集者執我明淨水器中，身依畫像，一心專注，語依經函，意依佛塔，為自我如來藏化身，其生起於自我，名曰有相化身。

色法化身，唯從我相，化為我受用處，衣飾器具，必需資具，不需物品資具，示現不可思議諸法者，為色法化身。是諸四種化身，於執我識境，變化之中，如來藏化身，自我升起，升起於水器和虛空星曜，因緣和合，猶如緣起，水中星曜，而作示現，於調伏之我執內，不散滅中，化身相續示現，如明淨水，水不乾涸，定顯影像，相續不斷，而作示現。此義之中，情世三身，變化不逝。

體性空等，稱之曰道。法身於體性空分支，受用身於自性任運成就分支，一切化身示現，而不混雜，示現分支各異。唯從不淨輪回，自我顯現之時，由一切增長的身、語、意而無彙集之法者，一切亦無。於無邊清淨中，是最初之佛。若謂何故？一切顯現身界，任運成就語界，圓滿體性意界。於欲界化身，色界受用身，無色界法身內，為最初淨執受。若如是，化為基位本身，一切生死涅槃體性相同，名曰體性。復於法性無尋思相的一切智慧如來藏中，結集之佛（大主宰），於一切生死

109

涅槃體性相同的唯一範圍，體性之內，一切智慧功德積集，猶如積集而有，所言曰身。如是，因三世不死，彼體性中不動，而曰不動金剛。基位如來藏，於一切三世，遷轉不動，一切善惡，因不變化，而有不動金剛和不滅金剛七法，名曰金剛。復次一切雜染，罪業習氣，相續不斷，一切緣境，無論何時，亦不會滅。一切生死涅槃，及善功德，住於真實，自我清淨。一切罪過，及惡功德，由於不入，而得堅固。住於三世和時不變化中，離開動蕩，而能堅固。以上微細所知障，超越法性因果，由穿透力，一切無執。於生死涅槃輪轉之中，因不可有，一切不衰敗，為俱金剛七法。例如所言，世俗物品金剛，有四金剛誓言。複如梵天、帝釋天中，等等諸眾，是諸鈴杵、法器標識，不可能射出，如若射出，不可能不中，如若擊中，不可能不斷，斷的範圍，不可能不死。是於勝義不滅金剛之中，亦有金剛四誓。若謂何故？猶如勝義的一切本性及本性之法。昔前所發誓願，除放出彙集之有緣諸眾生外，一切有情，若如法義證，則不可能如理證悟。如若修持，生死涅槃，平等性中，定見變化，一定證得。證得四定見溫度時，三身平等性內，一定解脫，解脫範圍，現童瓶身，一定成佛。

講授善的內容含義

110

因俱四金剛誓，是為所言不動金剛身。義中五身，是諸基位，從自及彼，最初所現，是為勝義。是諸他境，身和剎土中等，而有各異，諸所言者，名曰不了義道。所言眾生遍滿，諸人種姓，執著示現，十萬城以上，主尊之中，皆為皇族。一萬城以下，主尊之中，皆為貴族。包括庶民行為，食物潔淨，家人善心，記於心中，此為淨行婆羅門種姓。食血肉中，行於善道，善行者，為最下種姓，五種姓中，因淨除執著、食欲，不導而為，與法順應。佛中亦言種姓，則於基位體性，三世一切諸佛，無二無別之大範圍，無明、習氣之垢，淨中而淨。智慧功德，極為增長。體性分支，安置種種變化，為所言種姓。如是，離一切基位，毀而不滅者，因有金剛七法，猶如金剛及不滅金剛分支，各種變化，而作安放，所言名曰金剛部。

寶生部者，猶如意摩尼，心中所有願望，而作呈獻，如無價寶。基位如來藏範圍之身、智、道、果，盡一切法，各個調伏，心自相續，順應道行，於不可思議本源，因作變化，所言名曰寶生部。如是，從蓮瓣中生，出污泥不染，基位如來藏三有罪垢無染，所言名曰蓮花部。基位如來藏心性，所作一切事業，無為精進，

無修而一切成就，所言名曰羯磨部。如是，於一切部基位自我和同體中，本有圓滿勝義，改造各異之部，為所教不了義。此名曰部者，猶如大王名相，一切語於權力之下，束縛和一切骨中之骨的諸彙集中，束縛遍滿，為所言部。

人們境中，所作積集，人們貪執於境。因淨除、引導，佛現五刹土境。基位如來藏內，智慧功德，任運成就密嚴，於不需數目和邊分支，所言名曰密嚴刹土。基位之內，明淨、濁穢已經分離的心性中，由緣境我，有無生的大樂分支，所言名曰樂現刹土。智慧、功德、道、果之一切法，於基位自我，在固有中圓滿，吉祥圓滿，所言名曰吉祥刹土。基位法界大樂自性，俱無盡樂空智，所言名曰極樂世界刹土。唯於基位元，清淨解脫智慧分支，功德一切事業，無須精進，自生圓滿，所言名曰事業極圓滿刹土。亦名刹土清淨界。從無餘智慧、功德，其名曰界。宮，有而示現，基位功德住宅，為基位智和無量功德、心所行處，所言名曰無量。由此基位，一切生死涅槃、住宅遍滿，名曰住宅。是諸男性，扭轉和引導執著，本尊之中，亦講陽性者，名曰基位界遍鋪開。遍佈基界的自己光明身和一切智慧功德，成為

講授善的內容含義

潛在變化，由一切普遍展開而所見的大智慧現證之時，若由基位如來藏範圍的一切智慧功德而作光明現證，則為所言名曰毗盧遮那佛。基位本身不滅，為金剛七法俱足的大主宰。於過去、現在、未來三世，如若普遍離開運轉活動，則為不動金剛。如是，於勝義基界任運成就珍寶身和大智慧境界，則化為珍寶摩尼和身、智、道、果之一切法生處，若一切功德圓滿俱足，寶生如來，基位光明，無量無邊，身、智莊嚴，無邊示現。如是，唯基位內，正徧知之一切法，完全成就之義，原來就有而不空，於一切事業完全成就中，所言名曰不空成就佛。

　　人們執著於男性顯現，因羯磨的扭轉引導，佛中而有空行者，其名則曰勝義空行，勝義空行大範圍中，而有不滅金剛七法。於金剛法性展開之空，萬物生死涅槃的一切法，因依照來去變化而現，是為金剛空行。猶如珍寶藏中，一切欲求九欲自生。基界大範圍展開之內，於任運成就身和一切智慧功德離開精進自生分支中，珍寶空行，猶如蓮瓣，不染污泥，由基位如來藏形成之法，不染污泥，離一切過，於蓮花法性，以悲憫力，示現於法的入門。蓮花空行，為基位功德任運成就身和一切積集於智慧之所行，無為精進，而不需修。基位元自

113

我法性，於最初自生分支，羯磨空行，於基位如來藏本性，不沾雜染和一切所知障，其範圍清淨無比，於一切身、智、功德本性增長分支，而作增長。於空性中，佛部空行之空，生死涅槃，一切示現，來去照見，所言名曰佛部空行。如是身形，手臉形色，各自中心所住，猶如世俗不了義。火燥、水濕、風涼、金光，自基位中，以身和大智圓滿。離開手臉形相，住於唯一大法身明點。勝義了義，五部一切功德，僅只言詞而講;而不公開，是為勝義。法現於虛空自性，因世俗虛空自性不存在心性現證，是為勝義、智慧。

此後，以方便智，從經藏而言；如是基位法身彙集，唯有示現勝義如來藏的光明智。手臉之相，則不存在，不入眼根，離法身相，自然示現，是勝義的一切修法，於此彙集，是為圓滿。調伏是諸常執，能依世俗精進道，於法性離戲界中，順應運轉於引導法門。所依能依，壇城幻化，示現種種實相，而作講解；首先皈依者，則無基位明、寶。復次勝義之中，猶如最初基位如來藏本性和空性之一切法。智證之終，自證身幻化，無論何時，亦不能離。自己對己而發誓願者，於基位元中，控制之明，為一切寶彙聚之體性。若謂此一切明體

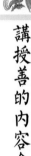

114

性法身，自性明受用身，悲憫一切遍滿化身，三身彙集，一切業、染、習氣，而於最初，清淨無染。一切身、智、功德，原有而增，為於智慧自光明身和任運成就化身中，欲求法和任運成就變化，與如來藏無二無別。僧伽及一切珍寶彙集，化為生死涅槃二者的成就基位，由於作證悟之一切法能夠究竟，而不脫離上師及基位心性，為自己誓言本尊和法性空，為離開一切生死涅槃來去而住，為空行等三根本所有會集，為所言是諸證得。離自性佛，不動無垢法者，唯有功德任運圓滿僧伽，是故，為自己心性。持明無畏洲曰：「自生明真實不虛皈依境體性，而無所見」。如是之明智法，剎那而不連接，名曰本性義之無上皈依。對此而作護佑，為離開一切皈依。此義之中，順應運轉之門，猶如佛假有頭，於此境界，如一切樂住，則不許損他，如皈三寶，不生魔障。於此前方，虛空之中，大威德金剛童子，佛子眷屬圍繞，示現三處，光芒照耀。從內如迎請佛，則融一體。自己最後父母，魔障等為主之一切有情眾生圍繞，由諸聖眾，於我等一切眾生面前所見，住大悲密意。前方示現，我及一切有情之身，恭敬頂禮，以語恭敬，所講皈依，以意恭敬，如何修持，你智慧心專注。

修心筆錄

完全抛棄皈依者，歎為世俗。

發心者，生生世世開始，亦勝義心。從生生世世，無始之時，為著一我，執我自性，被騙之後，拋自他諦，執顯現境，迷失之中，以執著根，氣度狹隘之緣，苦、樂、中三者，一切近取，不斷生起貪欲，其名曰心。無生本性，珍寶菩提心者，住法身基位，明示現時，一切生死涅槃，唯有明的完全證悟。無為之行，唯離戲內，而能顯現。一切示現，決定法身變化，以氣度而生，成為一切生死涅槃菩提心之大化身。由一切發心果，化為一切殊勝相。於此，首行各自證悟之智，決定一切生死涅槃本性者，願菩提心和最終生死涅槃彙集精進之化身現證，其名曰行菩堤心。此表示中，我從三界一切有情生死流轉苦厄大海，而得拔濟，證得解脫，安置智慧之地。心的悲憫、仁慈、歡喜，平等無別，等等有情之所作證成義中，發誓願者，為著心願和利樂有情，由六波羅蜜和甚深法修佛誦咒，能作墮取，稱曰行菩提心。於驅魔中，二取心者，是為驅魔。猶如法性，能作你自己臉障魔，是為三界輪回的大魔____執我。而於此處，一切善尋思者，善的方面，為生死流轉鬼神和一切善者。於惡的方面，有兇狠的妖精鬼魅，執著的是

講授善的內容含義

116

諸尋思，微微彙集。魔部之中，猶如冤孽之主，遊蕩女主，大、中、小魔三種，其餘僅只微塵無存。因決定各自語證悟智慧，魔被驅逐，渺無蹤迹，是為勝義。此之示現，於修菩提中，能作道障魔衆，一切冤孽替身，應以法性幻化的等持天，猶如喜足天尊勝佛受用，不可思議，而作幻化，足飽而歸原處。不聽教化之衆，則以自己大威德身，現忿怒相，無數火焰彙聚，進行照射。從大海彼岸洲中，暗紅色內，進行驅逐。是諸自我心中顯現景象，轉依之後，觀想各自之處，僅為世俗。

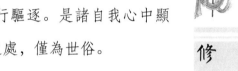

護帳者，為無我證悟。復次勝義之中，現證無我證悟之智。因了知一切生死涅槃菩提化身，損害和一切損害之處，於最初不存在中，而決定者，唯有不破壞護輪，為最初勝義護帳。一切損害，於原地解除，拋棄得無影無蹤。此之出現，向外放出，以一切忿怒火焰，向這邊彙聚，釧、輪、寶、蓮、十字形杵、火山等等，護輪之內變化。入於我和諸守護者，因佛示現，一切魔鬼不能得逞，如是觀想，僅為世俗。

迎神降福，是為愚癡。復次決定不淨迷失一切相心，為基位自性和空性自然示現。於愚癡的陰暗範圍，基位淨化後，於大智慧中自在圓滿者，僅為有益的迎

神降福。此顯現中，自我堅信，以猛利力，心間光明照射。佛子眷屬之心，相續摧喚，於法界站立色身，所有賜與一切悉地，猶如五色光蘊，虹雲籠罩，身和微細手印，語種種字種，意種種標幟，融入修處之諸物品資具，處自現利之大色究竟天和住處五智，事業成就越量宮，修器智慧甘露，對諸修三門，三金剛自性，而賜加持，如是觀想，僅為世俗。

加持供品，是明示現。於此，猶如勝義法身，離戲論邊任運成就身和智慧化身中，自生現證而顯現之一切法，大智慧中，莊嚴升起，自然之態，唯有了知，證悟自生妙欲之一切顯現，而不陳列，最初莊嚴供品，是為勝義。此顯現中，從有情迷失根處，是諸妙欲，顯現自生。以三身大智慧融為一體後，於自身示現智慧一切壇城，供雲大海的外七供，內五妙欲供，密甘露供。唯彼秘密交合，救度供等，意樂而生自性之中，而作變化，心者，僅為世俗。

第一，正行：佛生起者，阿賴耶識法身等等圓滿。阿賴耶識法身遷轉之後，原基位普賢如來，四身五智之我，如是而有，而作示現，猶如領悟之智和阿若全知現證者，如所有無礙領悟之智，無礙領悟之一切光明，智

講授善的內容含義

118

慧無礙分支，為一切照見的大智慧。此示現者，為佛和所有佛子密集，為義的深修。如是無礙，諸有情證悟本身，於迷失中顯現，境自相續，頑固不化的三魔，神變鬼魅，兇惡之相，護教傲慢聖眾，能生起執，自他相續，是為迷失。僅講解所見，唯以證悟諸眾，兇惡三魔神變，庶民僕從等等，僅從自己三毒之力，不自相續，而從智、證、護教護法，所見之力，而無其他。智和修持，自己基位，因見圓滿本性，自相續中，而不迷失。唯證八地，證得根處變化的殊勝功德者，以不淨相，自我障礙，一切境相、界、色相、菩薩、女菩薩等，自性之中，是為照見。如是三淨地中，而作控制，為今後阿賴耶八聚，智慧義中而能轉依之殊勝功德相。十地相續之終，習氣微小之障，猶如對治金剛等持，決定之後，十一地為普光佛，十二地為無欲蓮花，十三地為金剛持等，佛功德示現者，名曰佛地。

復次，莊嚴剎土，因佛色身形相，容光服飾，莊嚴示現。師徒各異之態，所現而有者，是為法道。亦復分支，詳明言說，從愚癡、妖龍地部眾，瞋恚力男魔部眾、愛染力女魔部眾、八萬四千雜染力為首的十八大魔、十五童魔、五百羅剎女母子、原來所住老妖，為瞬

間遺留鬼仆之形相處。護法之中，阿賴耶識無明自性，東方護法神大自在天。阿賴耶識空明分支，為生起母續八部衆，雜染心曜，意羅刹等主仆化身。此處所言，僅口傳法道，無業自相續。因此，於修自我基位，因修持成就，亦復從此關鍵而教。菩薩而無，境自相續，僅為假立，順應法者，其名稱曰妙吉祥文殊，亦為基位如來藏，此者亦為離雜染的一切粗暴兇險。其任運成就身智，威德俱足，名曰妙吉祥，語音而有，六十分支，是所言音。如是，觀音之中，目現遍智，一切照見，大智而無偏私，無有掛礙，知一切法，而不混雜，現清淨地，是為所言，名曰照見。秘密主金剛手，無淨一切相心，於清淨地，極度權威者，所言名曰秘密主金剛手。勝義及諸其他所言者，為世俗法道。

總之，最初基位，法身示現，諸佛自生，大智慧力，是諸生起，僅為所修之道。勝義基位，自己本性，及空性智。最終於己方面，從己誓言，心性現證，而從其他不超越者，為義的深修，一切壇城彙集，是為圓滿。

現今，是諸義中，所依正行，剎土越量宮，能依諸佛之面，頂上不淨業，長時之內，而能消散。淨智之佛，莊嚴示現，猶如白晝夢境，二者顯現。一時非是生

講授善的內容含義

120

起，人的顯現境和地獄顯現境，一時不可能入，猶如顯現無淨輪和智慧諸佛剎土。因為一時，不可能有，首先為外顯現境，情器世間，內動情世有情眾生，五妙欲境，等等一切，幻輪之內，猶如壞滅，觀想之中，空法界性，離戲法界性，能作現證，稱曰離戲論法界等持。

復次由於空性原有之狀，諸不知者，於不空中，僅只空性，融為一體。離戲法界，等持示現，為不動示現。離戲論法界等持顯現者，僅以觀空證悟瑜伽，為所行處。復次，展開範圍之大智慧處，現證空性，生死涅槃彙集之一切法，猶如大海星曜，現大化身，普遍示現，其稱曰普現等持。此者，僅為基位所住之明體性放射瑜伽為所行處，而非其他。另外，以清淨意，利樂有情，或者修持，不可得悲憫，化為所緣，一切相現，而無變化，於示現中，僅為安放，而能了知。其名曰因等待定者，即彼剎那，猶如虛空，而無彩虹，彩虹卻眼前升起，從法性表示範圍，離戲法界，所見遊動字種，青藍吽（）字，光芒照耀，顯現所依能依，一切自性，為變化因。猶如離戲論法界，一切顯現之二等持。所顯現者，從心尋思處，過去空性和所見智慧。因等持者，因有二種類別，是為幻化。此後，因的字種，青藍色吽

121

（ ）字，示現光明，而生五處，清淨之相，艾（ ）央（ ）榜（ ）朗（ ）讓（ ）諸字種光明，化為所有阿（ ）字，可以升起明淨虛空之力。央（ ）字空性，無所依中，黑色風山金剛十字形杵，榜（ ）字而於寂靜、明靜海水圓形壇城，而作環繞。朗（ ）字大自在黃金正方形地基，從讓（ ）字一切本性，火的自性，溫暖之相，半月形諸處，三界尊勝蓋（ ）字振動，三骨山堆集，方圓法界勻稱。此之上方，以下各處，金剛臍中，從此一切變化，放出因的字種種（ ）字。因二不淨尋思被礙，靜猛宮城，內外姿態，於外而有，任運成就大樂越量宮，五智慧相之牆，而有五階，四身之相，外正方形，四方四智慧相；東方白色，南方黃色，西方紅色，北方綠色，放射光芒。方便大樂，智慧空性牌樓，左右日月間隙，星光閃爍，無量處相，四門四事業形狀，智慧示現無礙。種種珍寶，砌成臺階，二格網牆房舍，四種顏色，光彩奪目，妙欲顯現，不離莊嚴。牆角供女臺階，示現任運成就之相。小台之中，磚半格子網眼，簷瓶飛簷，華美如意。法界智相，琉璃蓋頂，樂空不動。名稱之中，寶瓶柱拱門，唯一地道，一切次第，圓滿表義法輪、傘蓋。阿底三乘圓滿，日月摩尼珍寶之果端

講授善的內容含義

122

妙。有法法性中心，幻化名稱，四門之上，馬蹄蓮架，吊種種瓔珞，浮雕花紋，束束而懸，簪瓶宮殿式屋頂，有八牌坊。此之上方，野獸聞法，蓮花法輪華蓋，等等莊嚴，尋思彙集處，於淨相外，四邊之上，四佛塔下，巨鯨四邊，淌下血汗。是諸中間，而以人頭，作莊飾口。以骨瓔珞及半纓珞，而作莊飾。六趣之內，將觀察能表劫中火風，猛烈熾燃，不淨幻惑諸輪，由於摧壞，與使者共表等等，猶如風雪交加，彌漫恐怖，彙聚境處，於淨分支，屍林一切安放。外觀智慧相，成就之諸護輪，次第環繞。

觀想此諸中心，而有導邪諸眾，由於調伏，忿怒越量宮內，三角形青藍，由所表三身，人頭地基，潮濕牆壁傾塌，欄杆頹廢。菩提心所表之天鐵釘掛，乘各別之因和地道。諸果圓滿之能表天、龍、曜、諸護方星宿。梁、柱、臺階，而做邊緣。忿怒越量宮諸安置，一切清楚示現中心，八境之處，八幅淨輪，八彙聚處，無垢旁生、八主尊，而有世間極殊勝寶座，周圍環繞，無欲蓮花，不染罪之月，離一切過之日。我尋思內，已經證悟、舍斷和無我平等性之能表崇魔、雜染魔二種。右邊俯伏天魔，左邊上仰死主。上方因的智

123

慧吽（ཧཱུྃ）字，降於即彼座上，光芒向上放射，三世佛子及諸眷屬，歡喜供養，相續發願。此諸身、語、意、功德、事業，無盡莊嚴。一切之輪，光芒彙聚，融入吽（ཧཱུྃ）字。亦複光芒，向下放射，一切有情衆生罪障、習氣，業和習染，苦厄等等，而被淨治，強制而醒，從迷惑中，而得救度。光芒向這邊彙聚之時，一切有情衆生，壽命福德，光芒閃爍，五大精華，所有威德，五色光彩，向這邊彙聚，融入吽（ཧཱུྃ）字，盡一切化為吽（ཧཱུྃ）字。自己大威德金剛童子，法身離戲能表之相，全身藍色，能表三身三頭，體性空智，所表慧眼，自性光明智，所表右眼，悲憫周延智，所表左眼，二諦雙運二耳，二義究竟二鼻孔。面貌勻稱大樂，舌生死涅槃，表示共同救度，最初迷惑不解之紅黃上豎頭髮。方便、智慧二者所表，二日月耳飾，六智所表六臂，所表九地九鈷杵，所表五身五智五鈷杵。從三毒中，而作拔濟之三叉戟，熾燃業、雜染、習氣火堆，從四魔處，能救度之須彌山橛、神足，彙集之境，莊嚴生起，表相之中，屍林八器，一切威德。無明邪妄尋思等等，進入被燃所表火堆，由於所表，相空不二，本尊佛母輪，融為一體，盤繞佛母之身，由大圓鏡智體性，金剛事業橛，平

124

等性智體性，珍寶事業橛，妙觀察智體性處，淨相十忿怒明王、明妃，殺生而食，守護門衛。一切眷屬，猶如無自性彩虹，光明離執，大圓鏡智內，猶如形相生起，自生光明，猶如資具形色，面前而生，剎那明鏡之中，猶如形相升起，而為示現。我的前方，兩個三處，現三字種，放射光芒，諸佛之意，相續摧請。此諸灌頂，五方佛相，而被迎請。從五智慧灌頂，聞知之垢，而作淨除，變化而成，五蘊五佛，授位諸佛補處，安住於生死涅槃總大吉祥位。剩餘之水，從頂門依處，進行灌頂，而作標記。以金剛分明莊嚴，住莊嚴地，佛部五部主尊，頂首莊飾，如是觀想之中，複次三處，日蓮輪住，白色唵（）字，紅色阿（）字，藍色吽（）字，形相示現，放射光芒，盡一切佛，生三字種，與身、語、意，融為一體。真實不虛，三金剛尊，而作示現。

迎請者，亦為三界輪轉。復次勝義，於基位明，邊大解脫本性，三界輪回之況，一切而現。佛身、語、意，三金剛自性，而得淨化。於法性大平等相同，於生死涅槃位幻化之中，而得遷轉。心性之處，現大智慧，亦為迎請。復從三處放射白、紅、藍三種光芒，從法性虛空藏內，十方四時佛子、眷屬，所依能依，壇城一切

幻化，猶如風雪交加之中，而為迎請，我之前方，修資具中，能融入者，僅為世俗。

所住，亦為三世遷轉。復次勝義之中，離開三世遷轉，住基位明，而為言說：於己方面，執於自處，相續之中，鞏固本身，是為祈住。此示現中，順應運轉之門，而作呈獻。隨順諸佛意座，祈住就坐，現於心所依處，僅為世俗。

頂禮者，為作觀想。復次勝義明三身，以觀決定，表示範圍，最初離戲論基位，法身於己前，而作拜見，任運成就身和一切智慧心性圓滿，證大希有，僅觀拜見頂禮聲，是為所言。此示現中，順應運轉之門，人主中等，敬信頂禮。從自性佛現之身，因地上塵土沾染，平坦床榻之有情旁鶩，因記壇城諸聖眾功德，頂禮僅為世俗。

供養者，亦為有法法性本身，勝義之中，如住基位明本性，所見之時，執有法相，一切財物妙欲，為法性如來藏幻化而莊嚴生起之大供。此示現中，順應運轉之門，萬有一切妙欲，不陳列的自生供，應了知而供。猶如陳列幻化之物，猶如幻化增上密咒，幻化所緣，猶如心幻化和佛示現，現於莊嚴自在境中，猶如神通變化九欲，而作呈獻；於外七供，內以色、聲、香、味、觸

講授善的內容含義

126

供，密供三界身、語、意甘露，加倍呈供。流動血中，幻化珍寶，萬物情器世間，朵瑪食子，相空和合，二取彙聚之一切法，紅白菩提和合呈獻；法性之境，瞬間心法金剛，於三界觀我之日扎無我中，而對救度之血、肉、骨三種，加倍呈獻。有法一切相，於大超越法性意中，進行救度。呈獻救度供，僅為世俗。

讚頌德澤者，為生死涅槃圓滿成就。復次住於勝義法身基位明示現之時，辨析生死涅槃之一切法（唯一大空性幻化）。心性證悟，猶如一切大圓滿本性、空性，為所見本身。於此，希有心證之物，樂.果、身、智一切功德，基位最初法性，最初圓滿之義而現。信解為義的讚頌本身，此示現中，從己所化之無量空行勇士，樂器分支，不可思議，歌音和雅。讚頌諸聖眾身、語、意，僅為世俗。

各種示現，是為幻化。種種顯現之相，無有間雜，各自示現，為任運成就八門之法，為佛身、語、意不二之法。復如身生，無量莊嚴剎土，自我示現，猶如光芒升起，五光而不間雜。各自示現，猶如悲憫而生，悲智無礙，猶如不二而生，照見自我，如是而生，各別不二。猶如邊解脫生，一切有無，最終不墮。猶如智慧而

生，基、道、果諸次第，義非各別，知體性相同。猶如不淨輪之門而生，情世顯現，無中而有，猶如顯現神通而生，清淨脫離苦厄之門，於自現大智慧所行處，清淨無邊，為法性輪中圓滿。因此，相的莊嚴，則不間雜，各自示現，身之莊嚴，此諸以新因緣，新中無生。淨智五風息幻化，任運成就，於風息光明咒中，最初圓滿，從語輪現分和聞名咒化身中生，從清淨戲論離邊之界不動而返，為意的化身。遍智上師，形色之中，現一切相。本性莊嚴，身輪中生，盡一切無餘，音聲遍佈，本性莊嚴。語輪中生，心思外騖，而無分別，不可思議，本性莊嚴。意輪中生，六趣有情四生處，法界性不動，遠離塵垢。

身智等等，是為性相，猶如身智本性，知而證悟，由所見如意摩尼性相，猶如自生九欲，二義任運究竟，於一切功德，四位元事業，而被控制。一切事業成就，不勞生起，是為事業大圓滿明的性相。

願了知四灌頂，智和證悟如若轉化，亦可連接四灌頂，於基位中，為最初圓滿。由於決定生死涅槃大空性，現分身莊嚴圓滿，空分身大無間隔，證於原處大樂，現空智慧，瓶身灌頂圓滿，清淨五光，任運成就幻

化，情器世間，一切顯現，不離智慧風息精華。風息現分，生起執受與不執受是諸音聲，體性空分支，語密不可思議，不可言說。此自聲中，因最初淨，現證明空無別義。語密灌頂圓滿，使外騖心思，一切彙集。義不脫離，明空不二體性，為生大樂智慧作用。修定于樂空不二，離戲法性義，僅為原處大智慧示現，為意智慧灌頂圓滿。如是，控制基位元大法性和道相任運成就輪時，為明空無分別智，因離言、思、詮之本性示現，為清淨句義諸灌頂圓滿。以此關鍵，於光蘊身，而證解脫。入語作用力，遷轉之後，迷失之相，相續而斷，自己開始清醒，內現童瓶身，為證實有之佛。由於現今攝持，不現根門，自利證悟。自證解脫之諸瑜伽行者所行處，猶如自我未證解脫，繼承言者，猶如擠壓牛奶不產酥油，猶如自我，人王宮城，施捨乞丐，所謂得到，一點亦無。靜猛明王一切壇城，憑自明力，而非別的，其決定之瑜伽行者，佛子中現，受福蒙麻，以徒受師灌頂諸言，一同而講；於上師前發心，對第二佛講說願望，融入諸處，對佛種種吉祥，圓滿功德勝解，而不持疑。得灌頂者，猶如管轄高原和國政之王，與他賜予權力，福祿受用。

129

如是為達到圓滿，身、智、道、果之一切法，於己基位，猶如最初圓滿心性。辨識本性和空性證悟，最終定為圓滿觀修法。如是則了義本性和空性等等，如理於無明和無證灌頂前，亦漂泊於輪迴，從輪迴而未拔濟。若謂何故？基位最初三身，一切圓滿本身，因無明障，不見基位本來面目，如水自流，因為寒氣，冰涼加於一處。貧窮之家，而有黃金珍寶，因不辨識根本，貧富盛衰，不能根除，是由基住空性和現象不認識之原因。僅以身、語之善，往生三善趣，以不善果，墮三惡趣，從輪迴中，積集福澤，實則而非。勝義基位如來藏智和一切功德自力，圓滿所依越量宮和能依佛輪，一切等等，眾說紛紜者，能依諸調伏常持，世俗精進道，是為於勝義不勞離戲法界所言引導。此者，為明、淨、空三者。口訣、生命、戒律、光明四者，要點俱足，是為天上果內，進行引導。於此，顯現佛釘密法，等持釘密法，觀法性釘密法，集散事業釘密法，四種釘密法彙集。

復次顯現佛釘密法者，本尊身色手印莊嚴，一切形式，現證於道，火中分明示現，是為破除床榻貪愛。復次如有淨信要點，於生起次第自相續中，則無迷失。

等持釘密法，為自性佛中，約束我慢，是永久行

講授善的內容含義

130

持。以往漂泊輪迴時，諸有情身，而作示現，執於我識，心中而眠，是執於我。此者，為一切相心作用，而於對治，自性佛中，分明示現，為佛智慧，領悟無礙，經常約束我慢。如若明白顯現，最終永久顯現之八範圍，而作轉化。現前之中，所見觸境，定轉化為體力者，由金剛持、不動佛母，於敬信六月，證得金剛持地，而作變化。復次無語而住，不作混雜，座位溫度不散，應於彼識，不放逸修，續中所云：「等持釘密法者，於身上部，專心而持，應不放逸。」猶如是故，不懈修持者，為等持釘密法。

觀法性釘密性者，上方法身普賢如來曰：「下方茅草蟲以上，不脫離唯一如來藏化身，應該決定，如諸不證，而修智尊，執實有相，一切世間，不可能智尊成就者，猶如毒無藥可醫，是空不能證悟的原因。依照空性證悟，往昔瑜伽行者，修獨腳鬼，四種事業不勞而獲，猶如證得。若不證空性，修普賢如來，則為世間法。由於修靜、色界和忿怒明王，轉化惡魔和叛變上師而淪為魔之若紮法者，經典所載：「若密意不動，而無有釘密法，修大威德，則共殊勝事業不得成就，則迷失於若紮魔。」如是賜教，為萬物情器世間一切生死涅槃自現幻

131

化。由一有執之識，而現情器世間一切妙欲的真實存在。由於二執，能執於無中而有，是為迷失。猶如修善知識蛇穀和外道穴窟，往昔由佛子妙吉祥詢問：「從山和日月等等情器世間，一切而生否？」請教之時，上師賜教曰；「是 從一切有情尋思而生。」佛子聞教，複請受曰；「僅為尋思，何能生起？」師賜教曰；「猶如昔前，婆羅疿斯，有一老媼，於前半生，因修自身為虎，於後半生，身化為虎。諸多宮城，慘遭摧毀。所言歷史，等等而有。無始以來，若執諦實有，則理所當然而現。」因此，決定情世，自我顯現，此心性中，應不造作。從下邊之臉，如若心中一切無為，亦不稱迷失處。「從諸推理，而不造作，留於己心，其名曰和尚之觀，和尚性相，誰亦不知，佛教之中，無性相法，為所言心力，根穎悟很強。以前，迦瑪拉希拉㉑教授阿闍黎言：「動手和腦，為一切三界輪迴表示法。」以此而問：「猛烈之二力相撞，為二執回應，施加力時，為了知拍打和反應之銳根。僅從佛智及所行處，由所有別的斷言而不決斷。」無論是誰，和尚相續範圍，非為證悟。總之，如欲情世而相續有，則非空性。若欲空性，由己緣份。如若不願，唯空性緣份，如橛孔之諸多空間，不空之中，

講授善的內容含義

唯空性融為一體，此非清淨空性。如欲生死涅槃於一基位，若一有情，成佛之時，一切有情，一時亦願成佛，願一同成佛。如若不願，一段位成佛，最終會混雜於有情基位，轉為迷失。有情自相續有願，一切方面饒益，因不知有情而自相續，一切有害，此為無益精進。從無始時，執著之根，現於六趣，是為迷失。初一切法，知空無我，是為關鍵。猶如昨日未悟，如多作一切努力，從已觀修溝距，如阻斷無為，則走邪道，而有危險，如知觀空性，彼中不虛構而行者，甚為重要。已圓滿之佛，猶如燒（紅）、鍛（白）、磨（黃）之金，妙觀察者，為我所教。誠如是言，無有謬誤。觀性相證悟者，為密意不動釘密法。

集散事業釘密法，則有四種念誦開許：第一安排念誦，如月、星、鬘。自性本尊，現空光有情，猶如薄膜，以氣充滿，前方心間，蓮花日座，智慧薩埵，彩色充滿，青藍色不動金剛，執持鈴杵，寂靜九姿，跏趺而坐，五智光蘊，中央密集，心間現出，唯有日座，僅只踏之扁豆臍間，天鐵九鈷杵，僅谷粒許，逆行而起。於臍間內，智慧日壇，方便月壇二者，白分之上，赤分之下，而有護身佛盒，如芥子許間隙，等持禪定薩埵，吽

（ཧཱུྃ）字青藍，所繪猶如毫毛，精致細微，藍色面貌，截斷身背，修持一切生死涅槃生命精華，總集體性。此明點內，上師、新月㉒中本尊，頭部浮雕花紋，中間空行。體腔哈氣，一切護法，分明示現，於藏文第二母音夏吉之內，天龍八部，是諸命咒，住於頭下，顯現形態。體腔哈氣右臂，為男護法，左臂為女護法。前方徒眾，背後僕從眷屬，庶民百姓，受用圓滿，一切珍愛，分明示現；總持護法，諸天階下，從私處至生命中心，而不隱藏，如吽（ཧཱུྃ）字環繞，男者安置咒鬘，從左向右旋轉。女者安置，從右向左旋轉，而有姿態。吽（ཧཱུྃ）字音聲，白光明點，無量放射。十方佛子，等等一切之身、語、意中，歡喜供養。悲憫加持，自在威光，一切成就，生起白色光蘊，融入我心。一切無淨相心，強制淨治。三門三金剛自性，觀想成佛。身和咒鬘，心命吽（ཧཱུྃ）字，等等之中，一心專注，而得發願。持誦咒中，總集從諸念修咒鬘，而入法座，唯於吽（ཧཱུྃ）字中央，右旋偏斜，相違如火，運轉光芒之持供天女，光芒照射。是諸佛子、眷屬，供養意樂，足飽之後，二資糧圓滿，一切悲憫加持，光芒示現，融入自我，雜染識垢，習氣等等淨除。觀想佛身、語、意，變

講授善的內容含義

134

化不二，為念修佛。復次坐諸咒座，右邊而有，自己音聲，從此咒鬘運轉，二咒鬘一酥油燈，為二處之態。從吽（）字第二母音夏吉而入，從音聲生，從自己之面入佛母之面，身形相續，佛母蓮花，進入己金剛莖，融入吽（）字第二母音夏吉。心命紅光照射，供一切佛，悲憫加持，自在威光，一切成就，紅色光蘊，融入我面前修持物品。觀想供養和共成就無餘證得者，利己之中，集加持所緣。我前方中心，咒鬘轉動，從己之面而生，而入前方生起主尊之面，身形相續，金剛進入佛母蓮花，從佛母面前抽出，入於自己佛母口後，如前而不轉動，所緣一心歸總，是為修持。（以上修持，可在上師面前求口訣，且勿自己亂修！譯者注。）咒鬘光芒，放射五色，諸佛身、語、意中，歡喜供養，悲憫加持，自在威光，一切成就，五色光俱，而為接引。於我面前，融入如是觀想，證得一切灌頂悉地。光芒向下放射，三界一切有情眾生，業和雜染、罪障、習氣，等等一切，猶如朝霞，一旦日光照射，霎時消散。一切示現，剎土越量宮，一切生死流轉，化為佛和佛母自性。所有一切，從一界一密意態，密咒音聲，猶如蜂巢，嗡嗡遍傳，億萬之界，振動飛騰。如是觀想，為大修持。

135

於是，多次而作事業交合，通常四種事業所緣；早上從我前面心間咒鬘，光明無量，照射十方。是諸佛子、眷屬，歡喜供養，誓願相續摧喚。此諸身、語、意、功德、事業，無盡莊嚴輪，授權灌頂成就，一切智慧功德，示現白色光蘊彙集，融入我前，證得寂靜灌頂和一切威勢。復次修持，以自我光蘊放射，照射六趣三界一切有情。此諸一切罪障、習氣、業與煩惱，苦厄盡除，化為智慧佛身。增長所緣者，正午從我心間，金光無量放射，三世佛子、眷屬之一切身、語、意、功德、事業，一切神、仙、持明福壽，五大精華，三界一切有情之福壽及所有財富，黃色光蘊，示現而生，融入我前，福壽、財富、智慧、功德，一切增長。

灌頂所緣：觀想下午之時，紅色光芒，如紅寶石，無量放射，十方一切，佛子、眷屬，紅色光蘊，聚集示現，而融入己，授受灌頂，一切成就圓滿。復次紅色光芒，鐵鉤形狀，無量照射，三界有情，萬有之神、鬼、人三者，一切降伏，住於前方，從生命中，殷紅之口吐出，融入足心，不由自主，縛住奴僕。如若禍患，其心凶殘，守持頂上，從己心間，降下紅色光蘊，化為天鐵金剛。若住誓言，則化為三昧耶誓言，若誓言壞失，則

化為鐵的罪業，化為心血，流失自性，從一切英武、威風傲慢，僕役使者，承允許諾，依於誓言。猛厲所緣，觀想夜間，猛厲之時，現自性佛，猶如幻化兵器，真言芥子，霹靂冰雹，黑風彌漫，放出有形無形之一切怨鬼魔障火花，猶如風雨摧壞，冰雹擊斷蘑菇，忿怒恐怖，放出無量鵬鳥，血肉骨堆，無餘而食。火堆燦爛熾燃，利刃之風，無餘破壞。復次觀想諸識，於法界中，不知迷失，進行救度。如是，以修佛身，得寶瓶灌頂，語誦密咒，得語密灌頂，心不離智慧光明，得心智慧灌頂。如降甘霖，是為圓滿。然則，修持之時間、地點，住劫及伴隨物品，密咒、資具，等等一切，應予守秘。如若失秘，不能成就，法障侵入，十分危險，極守秘密，是為關鍵。最後撒真言芥子時，則從自己住處，供養無量佛母，戲論供讚等等，如上而言，隨之彙集，事業次第等等，從本性自生續而知。

於是，修持成就者，前方生起一切諸佛之身、語、意、功德、事業的自在成就，生起唵（ཨོཾ）阿（ཨཿ）吽（ཧཱུྃ）三金剛字和五色光芒，融入自己諸處，證得四種殊勝，悉地持明，共悉地、八種悉地等。回向由我三世積集善業和善資糧。唯有彙集，於三世一切諸佛面前，

而作回向。猶如回向之中，而作變化，對於一切有情眾生，不分親疏遠近，先後遲早，證得一切智慧圓滿果位，於此因中，而作回向。祈願一切有情眾生，得證智慧佛果。

結集成佛者;先前因的文字，猶如示現清淨智佛現分，所云返回離戲法界者，則彙集於一切剎土莊嚴越量宮。於越量宮，聖眾彙聚，彙聚聖眾主尊佛父母，彙聚佛父明王智慧薩埵，智慧薩埵咒輪，彙集住於咒輪等持薩埵吽（）字形相，彙集第二母音微小夏吉，彙集於小阿（）字、哈（）字中心，彙集哈（）字之首，彙集頂上月牙（新月）（ ），彙集月牙圓點，彙集圓點音聲，彙集圓點法界。從此離戲論本性，拋出而遍滿展開，一切處等持，消除常邊。從此光明心性，復次以所詮根本咒緣，猶如水中魚躍，自性本尊身，以道而現。站立於情器世間佛輪，消除斷邊，猶如行止威儀，入如水流不斷。吉祥者，一切十方佛子、眷屬，從法界中，色身而立，虛空之中，身吉祥舞，以梵音聲，所說吉祥聲律。觀想心中有情，開許慈悲，吉祥利樂。吉祥頂禮，各種鮮花，如雨而降，從不相違之一切眾罪而勝，一切淨善功德，如上弦月，於圓滿吉祥受用之中，而說

講授善的內容含義

吉祥！於佛示現釘密法中，若不知所有一切清淨和記憶不忘的本性，生起次第，自相續中，轉化迷失。因此，身莊嚴主尊輪，各異之相，一切生起，基位自生，大智之諸功德，現出於外，應知生起佛身之殊勝法。密意諸法，則不迷失，而從現分，佛分明示現，而從空分，離戲法自性，以不動相，無有自性，猶如水月。於此離執，猶如虛空彩虹，應該顯現。因有要點，尋思彙集，佛輪中圓滿，十地次第究竟，唯果三地，如雨降下，無上圓滿。於金剛持三地，而證佛果。如是所言，秘而不宣。

修心筆錄

世俗法門，生起次第所教之需者，前後之間，長期修持。於拜見鄔金海生金剛智慧化身時，由我如是請受：「嗟乎！遍主原始怙主，剎土越量宮，諸佛示現，是諸修持，如何而修？」應由先師您賜教。師答曰：「所教諸生起次第，對三種叛變上師的惡魔若紮進行對治，基位普遍展開，虛空輪圍，身和智慧自我，而非照見，被障蔽後，於實相諦實而執，如來藏於地、水、火、風示現；肉為地，血為水，溫度為火，呼吸為風，心為空。白赤界日月，脈羅睺，眾尋思星曜，等等而現。外觀我見之惡魔若扎，於此對治，淨治剎土。內自己住宅、所執受用身等，內我觀彼惡魔若扎。於此對治

中，越量宮和修持佛道，於時和一切相中，顯現我識，完全隨眠，相續不斷，為秘密我觀之惡魔若扎。此為輪回一切現心線繩。對治之中，應永久而持佛的傲慢。於世俗中，羅剎之境，有形山中，賣淫婦遍遊，為神鬼不能馴善三彙聚者，生出所雲妖魔瑪紮若扎兇惡眾生，其形相為三頭六臂，四足二翅，不殺而生食。其於四十九天，長成壯年，統治欲界，見男而殺，見女而淫，佛教開始衰微。而於此時，一切諸佛，而賜教言，三世諸佛事業，一時彙集，馬頭明王，金剛亥母，形相站立，而作救度。復次隨一由大殊勝黑如迦，救度之中，承許密意二現，唯有勝義基位如來藏一切生死涅槃生處，而能無餘轉化。徒子我見之惡魔若扎，三無明聚之緣，於所取相之惡魔若扎中而生，其名曰食而無味之行，障礙基位自我方面之義，三頭三毒，六臂五毒六慳貪，四足四生處，二翅二執，統治欲界，輪轉於三界輪回，無執漂泊。最終以大威德名救度者，為法性無分別智。明身大威德相現時，是無所見、無蹤迹中而作救度，總之為一切萬物生死涅槃顯化。瑜伽行者，風心之中，向下進入時，外表之相，亦雙日月，一時進入羅睺之口，六種地，五種聲，日月起暈二處等等，成佛諸相，分明示

講授善的內容含義

現，內生光明十相。身離苦厄時，外表之相，聲、光、幅射三種，動之諸相，依前而生。內相生骨舍利，因相內外合一，所修而知，十分重要。這要點秘而不宣，你去修吧！是諸要點，秘而不宣，生起次第分明示現，捨斷永存我慢，俱不放逸等持，進行念誦，則會生果。如是所言等持，十分重要。某些人中，對佛剎土，相續執實，如若修持，以現涅槃，為迷失色界，忿怒魔，惡魔瑪扎若扎等等。因此，其名曰佛，但不可能自相續有，若從自己之識，專注自性，佛則生起，若不放逸，於修基位自我中，因有而存在。如是所言，秘而不宣。

乘自我名揚的大圓滿法，亦復集時，中心七位主尊佛母，是我而言。亦復某時，拜見中心主尊佛母厄嘎擦帝之際，我如是請受：「生死涅槃的阿希瑪祖婆護法，為生死涅槃大空性的主尊佛母虛空秘密化身，此中，稱彼名否？」如是而問時，師賜教曰：「嗟乎！佛母徒子，於你從法身普賢如來至根本上師之間，唯有密意法界而為相同，住於基位的明四身五智的大主宰——佛界本身，示現無餘伺察，自己頂上所見者，觀佛希有，於生起中，此為本來佛密意遍傳之義。所言身形，或所修圓滿之事，不觀待學習之緣，由三處諸空行母，

141

持明聖眾，以表示和回答而解悟者，為表示傳承。即彼
哺乳之法，久之，乳汁則至。囑託護法神守衛伏藏，由
祈願咒力俱生空行母眾，隨傳口訣，猶如與人談論，當
面傳授，而俱智慧。現今之時，事業調伏，祈願相應諸
有緣者，而傳口訣。相應範圍，有益解脫之處，俱安立
作用。如是而俱三殊勝法，傳承一一彙集之我，於一切
乘，我名門類，不可思議。於一切聲名範圍，以我而
言，一切詮釋名義，我名而入，一切所見形色，為我智
慧之相。總之，地、水、火、風、空，五大彙聚於外器
世間，內聚密會合處，一切而有，不離我自性。真實不
虛密乘，無上空行母虛空，彙集菩薩化身，而無名號數
目，集七名號，由我而言，是法為大密咒，秘而不宣。
復從密咒金剛乘，勝義菩提心、大圓滿，唯一明點，光
明金剛藏，生死涅槃彙集菩提，修童瓶身。

　　第一密咒金剛乘，以密教法，敬信密咒，于一切諸
佛意密彙集自性，則為密道。共有兩大密咒乘，於此，秘
密乘為；於一切有情相續中，基位如來藏，猶如芝麻，麻
油充盈，猶如貧窮家室地下，不知有寶。秘密者，於處、
時，無根器者中，不宜宣說。敵方對法詈罵謗損等等生
起，何故於無根器者中，不宜宣說？因無根器者，脫離因

142

果，是為邪見，最終亦入地獄，所以應守秘密。續中所載；密咒無有過失，最秘之因，於有情眾生有利。如是，對密咒乘，若非敬信勝解，應俱猛利羯磨，於一切有緣者中，而作宣說。三界輪回之一切相心和一切八乘心宗輪，遠離自性空相本性，而名曰咒。此法性基位處之明，以有金剛七法，名曰金剛。有情迷失，是罪障苦厄，惡不轉化。佛成佛時，則以道的一切智慧功德，淨善真實，一切善惡，而不變化，此名曰乘。

第二勝義菩提心；於一切真實義菩提心中，由於彙集，而名曰義。猶如一切河流、小溪，定為大海之源，彙集大海。因此，一切法源，定為殊勝菩提心，離一切罪垢，而證菩提，一切身、智、功德，內心菩提，而為菩提。生死涅槃二者，住法身位，平等幻化，是為人心大乘菩薩，而名心性，

第三大圓滿者，生死涅槃之一切法，於自我基位圓滿，其稱圓滿。於基位清淨大圓滿中，猶如九乘次第，如雲圓滿，唯有基、道、果之一切法任運圓滿，由於圓滿，基位顯現任運成就五光。大示現中，因微細我約束，身智內在光明沉沒。外境光明，於三界現分，變化為不淨輪之一切相心，以諸有情自性，示現空明。住於法身基

位明空，已經遠離執著，離開基位本性八邊。空性表露之中，從執解脫，而成斷邊。以自性任運成就，光明無礙，而為常見。外道徒求道之見和圓滿，為九乘道次第，其外表為性相乘，內為密咒乘，而果殊勝，三個三乘，共為九乘。第一為聲聞、獨覺、菩薩三乘，聲聞、獨覺二種，無我之人，以修自我，而證於無，自相續觀，成為人之無我，以大圓滿而證於二種無我無實有中。獨覺的一切法，僅從十二因緣生滅，於實有中觀無，以大圓滿緣起而生一切法，最初開始，則觀自性空。菩薩乘中，其內分別之唯心、二中道，由於唯心，一切顯現，為心所欲，以中道二諦雙運，於大圓滿階段，而非相心。心中其他之業亦無，證悟於明空大中道，二諦無別。內續之內，事續主要而作沐浴、清淨，以因圓滿而求果。因大圓滿，淨因緣處，果則自然圓滿。欲觀瑜伽續、行續、事續，主要講說行續，因大圓滿，觀行不二之義，心中而入，主要之見為少許念誦、行持，不宣說瑜伽續，因大圓滿，不間斷修，願住於自然降下。

第三為無上密乘，是修人所共知三明三壇城，誓言尊和智慧尊無分別中，加入麻哈瑜伽。因大圓滿，證悟於佛和智慧無別。因阿努瑜伽，則求修持氣、脈、明

講授善的內容含義

點。阿底瑜伽，以外心部現心，作用於道，內心部界明無別，進行合修。密咒訣竅部，清淨無間，於明空淨中，進行念誦。訣竅部為一切法源，一般阿底瑜伽為一切無上部，央底瑜伽（極瑜伽），則從一切地道，猶如甘霖中圓滿。一切之乘，彙集經典，義中成就，精華之中，諸多彙集，此名為無上乘大圓滿。

第四為唯一明點，其住於法性基位之明本性和空性，以心為主，已超越以心而詮之無伺察意，其名曰從各方面之圓形明點及由心從伺察意尋思之角而超越之明點，於無楞角大明點中，生死涅槃分支，所言甚多，與最初大基位相同，其名曰唯一明點。

第五為光明金剛藏，心的自性，最初光明，白晝之相，夢境之相，中有等等，於一切相，示現明淨分支，即彼相通。決定於生死涅槃光明幻化，光明和不滅金剛七法俱足，有金剛四誓言，彙集於不滅金剛和生死涅槃金剛四誓言，彙集於不滅金剛和生死涅槃之一切法藏，猶如地藏之金，由是稱曰藏。

第六為生死涅槃彙集菩提，從無淨三界無明，無雜染相續中，離輪回苦厄，業和雜染、習氣等等。由此二者彙集之一切法，於唯一明點，而作彙集，生死涅槃三

途因果，等等一切，法身如來藏基位明，邊大解脫，一切菩提之中，其名曰菩提。

第七為童瓶身；因不墮於一切生死變化，衰老之邊，其名曰童。此生死涅槃彙集之一切法任運成就化身，外表廣大，而不衰老，內大光明。瓶命名者，猶如一切星曜海中，廣大而不敗壞，而名曰瓶。身、智、道、果之一切功德積集，猶如堆聚，其名曰身。

總之，大圓滿為生死涅槃三途圓滿的大範圍，猶如空性，從二種無我之門，進行決定，一切乘中，亦復如是。由一些決定，從自己方面，而不存在，其他各自相續，若欲存在，僅為諸緣起而求，由諸執空之心、身、智，從其他而可以入。所云等等中求，於此自義形式，僅為最初身、智、道、果之一切法，於最初基位，猶如自行圓滿，所知者，定為大圓滿見和宗輪觀。以上基位自生智慧決定之見，為所教執受邊大解脫密意。

2、修道之法

修道之法，復由持明上師室利僧哈，證所有成就。所言修道之法，亦為所講總匯法安立之關鍵口訣，語句之四解脫形式及四端正安立之類別分支。

(1) 概論安立方法的關鍵口訣：

講授善的內容含義

最初基位如來藏，猶如芝麻，遍滿麻油，一切有情眾生，自相續中，為進入常遍大任運成就。以外取境為因，內取心為緣，因無明根，是為迷失。最初由生死涅槃彙集之一切法性，不存在之法，由見決定，自證空性，脫離根本。生死涅槃遍滿之大德，於明自生智化身中決定，過去尋思，以後不斷，未來尋思，去而不返，現在尋思所緣，根中不能舍斷，於已降下光明心性中，而作等引。另外，修一切因，應決定於無，對此，應不持疑。佛．出有壞．世尊公開降下密意教法，應不持疑。如不證悟，從我口頭而講，由義、緣人乘，不能揭開，由是作答。因此，了知依照外淨治殊勝八聚順次流轉而返的諸法，是重要的。若如是了知，從修無記基位而入，為行於道。由於如來藏本性，不顯現根，是迷失中，能通外延的大智慧心性，而作顯現，作用於自我解脫，從一切生死涅槃自我顯現，而非別的，應該決定。總之，有情眾生之心空明，一切尋思，是可以生。由於心如油燈，光明現後，各種尋思升起，猶如火生火花，雜染波動而現水波，同水體性，猶如而有，善惡好壞，升起基位法性界。生二尋思，而無分別，由於相同，應知無性。若非如是，培育尋思，捨親棄友，如若阻礙煙

147

色大江，猶如空界水災，從命根中，業風進入，變為瘋狂，是不應該。自力而觀罪過，能阻罪者，盡一切身，光明無礙，因是智慧，如即彼捨斷，定為通曉明達，如離智慧之佛，則會不生。總之，一晝夜中，尋思流動，而有二萬一千六百種，於阻礙中自滅，安立自滅中，亦非行走，類證悟智，無法身智，諸祖師曰：「尋思何故之多？是法身多」。猶如柴薪之多，猶如火堆積處，柴薪自燃。自己尋思，由自我解除之後，唯法身智，廣大無邊。猶如尋思受阻，修者不能證得成佛。如是而修，非是而求，不修無記，亦非廣大無邊，為住於法性大安立，滿足誓願，心修而非修，不修亦非修，離修和能修，心中無大印。」

那麼，所言有情眾生，自己無法無別，而是有別。是諸有情眾生，由於不知有法一切相，不知自性不存在的性相，執實於一切相，猶如心竅陰暗，猶如把水放開，攔堵漂泊。為二執表面，以繩捆住，迷失執於自己。瑜伽行者，由生死涅槃之一切法自性無存之心性證悟者，猶如天亮之後，太陽升起，從上自降光明，於心性示現中安立。若修其他，一點不雜浮塵，猶如睜眼而視，猶如眼能睜開而無因，唯有虛空，以目而見，則能

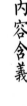

講授善的內容含義

專注，否則無他。那麼，有情眾生自己若無諸言，則為旁生諸眾而觀虛空，所言如是，無有分別。由諸有情眾生，不知基位空性，色空自性，是為不見。若如是，見彩繩為蛇，杯弓蛇影，猶如迷失於壘作人形的石垛。此義之中，見而非見，知和不知，而有分別，猶如分別金、石二者。則有些人，不知是空性法，自己嘴上忍耐，應知僅憑自力，見而非見。那麼，由已圓滿之佛、世尊所教，而無性相，一切之法，從色到空，空性決定，是為變化，所言無益。由於自力，生命運轉，從無始時，未遇之間，俯伏抽打，毫不上進，而於沒有轉化為證悟之時，能依佛經、上師、自己智、能、量三者，而作證悟，是為關鍵。

如是三身平等性，密乘門類之中，所言無分別空性，於以上心性，現證之中，安立而修，一塵不染。軌範師秘密修行者曰：「虛空之內，願證菩提，如證悟於無依，包括無修之大釘密法，為心的自性法界廣大虛空。」薩樂和㉓曰：「所有無餘虛空自性，一切諸時，永久不動，如是虛空空，詳細而言；虛空體性，一切而無，為有，為無，非有非非有。此為超越其他所表之處。如是，心、虛空、法性三者，而非微有不同。誠如

149

是言，此義之中，將修、能修、將立、能立，依處、依境、將合、能合，一切為無，為安立於離開言、思、詮之法性大定。

(2) 四種解脫法：

四種解脫法，是從最初基位三世不變關鍵，猶如所見最初解脫虛空。此者，不應依彼對治，應以己尋思，自我解脫，解鈴還須繫鈴人，猶如自己解開蛇結，升起法界。最初清淨智慧，猶如生死解脫波浪，唯有顯現自我之時，以心不執，由所執原處不能束縛。即彼之中，而證解脫者，猶如熾熱之上不能降雪，四種解脫法，亦在其作用力中圓滿。

(3) 講授四種不同安立分支：

四種總安立為;觀安立者，觀大範圍展開，離以心執相，是處不墮，猶如虛空，彙集無為，是為圓滿。總安立者，猶如海水，岸邊不深，不離生起法界自性，而於水中，遍滿明淨，生死涅槃苦樂等等，一切皆無。一切光明化身，平等展開，是為證悟。明總安立者，猶如山之中心，十分殊勝，而不變化，從明示現大光明心性，剎那不動而逝。相心總安立者，示現範圍之一切法，自空見自現，心不可得，心不能取，明空無迹，是非不

疑，為大解脫。

　　如其關鍵，全部彙集，法性大圓滿生死涅槃三途總大基位，為生死涅槃三途圓滿之大範圍。猶如此之本性、空性，所見者，為觀和所見自我之時，控制最初大基位元。因執於自己最初和自己之處，則明於自我方面而悟。範圍展開，從大離戲論態不動者，為離開所緣境。猶如水滴融入大海，與海不分，猶如瓶破碎之內外空間，一時各空間不變，展開範圍，唯無際空。住法身基位之明表面，放射於自己頂上，此狀態中，真實安立，而無其他。如若不知，基位、心中，而無內外，由我執根，我向這邊而斷，斷基位彼處。此內外中臍斷者，猶如有水自流，應拴住上面線繩。於基位自我解脫中，而縛有我執線繩，是為顯現，一切運轉。此之天性，是屬意外，若此天性，知而證悟，從身之門外所作自性，行住移動，內之所作，而能扭轉，密之行持，以手印舞，誓言等等，一切修持，而無所修。猶如所住，屍林人屍，行大佈施。語的外觀所行，是為種種迷亂之語，內之所行，口誦密咒，密的所行，念修本尊，計算誦咒數目等等。徐緩之中安立，猶如啞巴禁語。心外所行，由五毒三毒，從一切生起之尋思。內行修心，於善

修心筆錄

心中，次第而修，住世間禪定等持，諸種所行，猶如以塵、霧、暗三者之過，冬季沾染，黎明虛空，不動自降光明心性者，是為所言禪定等持。如是發出九行，而心不動，則意不達，如是而修。即彼關鍵心性，應自我把握。復次自我基位，示現普賢如來，自證無他，由佛無所見之要點，唯有見佛，虛空遍滿，僅只敬信，證得無的定見，決定生死涅槃，自己顯現之後，而於自我，得證佛位。彼因果中，證得所願，於己基位，普賢如來，到達自己頂上，百名屠夫環繞，復不怖畏，不膽怯。而於輪回，無名證悟，為變成不持疑輪回惡趣的信念。此者，為禪定等持所賜。若不證得，則生不善業果苦厄，善業果報，樂生起之況，而知應該修持，是為關鍵。行者出定後，觀的姿勢不能丟失，生死涅槃不二變化，所決定類智，相續不斷。不丟失修持方法，猶如相伴虛空淨分支，不離智慧光明，於依次示現的大光明中，而作修持，猶如無量行持，不能顛倒，舍斷罪過、不善業、毒等，行、住、坐、臥，緩緩放鬆，而入行持，剎那無放逸根，不論住於何處，顯現廣大，猶如奏響，助伴知樂，是應抑制。

　　此二關鍵，為死者未究竟時而修。如若不修，僅為

言說，說食不飽，猶如有食不吃，有衣不穿，僅聞大海，如若不修，迷失之根離後，臨終床塌，不該滯留。持明無畏洲曰：「自己言說，如慣於不修，由尋思仇敵，帶往戰場，猶如童孺。」如若修持，心中生骨，過去有證悟者八十多人，為虹身行走。今世口頭傳說甚多，眼花繚亂，臨終病榻，而無差別。若毅力不堅，為修而不力之過。今世風華正茂時，應知修法，有緣修時，更應該修。無論何時，因致死之病所苦，醫療手術，次第漸進，而無療效，所遇氣喘，時大時小，回憶從前所行，一切不善，畏懼果報，失悔不修妙法，猶如心中行走，是為遲到。大鄔金上師曰：「衰老臨終，失悔罪過。今世決心而住，瀕臨不修，應速入法道。」帕當巴^㉔曰：「回憶之時，如一流水。」誠如是言，心賢無垢，無可非議，則無自決，應依遍智上師三寶」。持明無畏洲曰：「除非端正守持律儀，而持梵行者，上師品德合乎標準，凡是不適宜的話不聽，若對法拖延，而不安立，應疾速精進。」如是而言，修法之中，應疾速精進，修自我解脫，則會出乎意料，速證悉地。

3、講授二種助行：

（1）講授行持的關鍵：

二助行中，行持關鍵為;觀的方向，則極重要。不

求行持，猶如遠離十不善毒，淨善調柔，鄭重取捨，勤修世間、出世間妙法，去往律主法會。觀的方向中，若丟棄行持，放逸之根，到於表面，耽戀輪回，惡業猶如流水漏出，對於行持和三寶，而持邪見，不顧業果，嬉戲跳竄，無勝義觀修，已到危險邊緣。為證得人天果位，唯求福澤積集之門，相續不斷。若無住變化，猶如黑暗之中，表面漂泊之魔和叛變上師的惡鬼若扎，往返遊動，猶如從醫藥尋求之道，所遇觸蘊之毒。總之，無明的對治為明，輪回的對治為空性，若對此領悟顛倒，則相續邪見，所見非法種種行持力。僅只住於一些法者，為對空性的顛倒領悟，猶如到了律主面前，行持夢行。應於佛前，從容頂禮，語稱尊者，心微細觀察等等無為，否則，會危及生命。觀的方面，不追求行，微細觀察之後，應約束身、語之門。臨近死主閻羅時，若從強制解脫命脈切斷，自相續改造，極為重要。如未到達法性盡地，應作因果微細取捨。大鄔金上師曰：「觀空要高，離開業力和因果習氣，詳細觀察。」行的方向，而不求觀。一切肉食獸威猛，不易降伏，猶如獸王獅子，倨傲雪山，如身、語、意，彼善深處，失去之後，應以觀修破除。唯於輪回，積集福澤，人壽若終，猶如

講授善的內容含義

154

金鏈拴住，法如夏天之花，出類拔萃，化為精進，甚深觀修，舍斷來世，臨終身睡床塌，不需往復安養醫治。為了臨時之樂，人天果位，唯有追求，由不證解脫果之過，是為約束。相信甚深觀修，永久證得，因見聞彼淨妙法功德，應為觀修，不得降伏。

殊勝之觀，空性證悟，悲憫他人，自他各自，包容廣大悲憫。因不離貪瞋，修此發心者，僅從祈願而入，是不適宜。此諸追求，猶如所言；自己有水，從他而生濕潤。猶如自己有火，熱從他生，是自己風，他人涼爽。唯有了知生死涅槃。一切平等。幻化悲憫。此外，所言而無其他悲憫菩提心，觀修關鍵，是所需要。如是能依上師口訣，所講猶如觀基位法。於此，習染若不離去，僅只領悟，而無把握，想此儀軌，即彼決定。復次如前，貪執輪回，於彼怨敵，瞋恚而殺，對己親友，堅決愛護，行於雜染迷失之根，引發各種惡、不善業，人生愁苦，終止清淨修持，不得永久信念。一切觀修，皆迷失於輪回活動。所降伏者，由此而言，修持無為，是為答覆。

如是而非，不失其深觀姿，於生死涅槃同類體性變化，不丟失抉擇和修持，猶如相伴大海明淨分支，於明之法示現心性，安立密意，於有法法性，則不能丟失觀

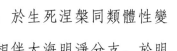

的方向和行持，修正三門關鍵，猶如戒除不善和毒。行持方向，追求不到者，猶如不能馴服猛獸，獅子稱雄雪山，降伏所有猛獸，對於一切來犯，則失誤無力，其深觀修之三善巧，由身已圓滿之瑜伽行者，自己控制一切顯相，而能降伏，具精進道，則不會暈頭轉向。

(2) 講授姿態的三種岐誤：

姿態的三種岐誤，為觀的壞失之相，姿態顯現者，心智相續如前，猶如因無樂相，不敢從容而離，執著之後，如欲永久得到，拋出色界顯明姿態，與前不同，清晰顯明，是諸生起，則有微小神通。於此，如藏貪執，則如拋向色界、無色界四邊空態無分別附近。欲念困惑、昏迷、不辨微細執著，所染之中，猶如酣睡，對觀空性，唯覺陌生，心空不能表露，心決定空性中，一心安立，從了知為拋向生死涅槃之頂和無想蘊之佛觀。此者，不放置入生死流轉之根。是諸一切生起，亦復應了知是不真實的圖畫。應作永久之明，則可能執受。

復次，引發於外，是為變化，天魔神變，凶兆之中，積集根處，生各種神通，顯現於以食物、宅舍為緣。生起恐怖、疾病，以土石木顯化，微微觸之，即可為緣，增加苦厄。瘡傷、麻風病、毒癩等等，突然而

講授善的內容含義

生。由疾病而引發的身體之病；風熱、誕分等等彙集，生出四百零四種病及心血管病，此之狀態，猶如心力衰竭，苦厄難言，種種劇痛。密引發者，心之苦樂，於己心處，不安、愛染、瞋恚、貪執、苦厄，不禁忍受。喜、悲、貪，執於感受空明，神志昏迷，相心阻滯，一切見、受，出現傷害。怒氣瞋心之根，相續擾亂，生出悔恨。如我瑜伽行者，於觀修地，非想我慢生出之後，自己一切行持，現出淨善淨美。業力顛倒，行為昏憒，等等心中，不悟苦樂。於此，執著實有，顧慮之心，成為永久。若離病態，能以執魔，是為憑以，於禳解、經懺，醫療之中，精進饒益，僅只芝麻大小，益處亦無邊緣，如若講授不失姿態行持，則可轉化由瘋顛、昏迷等等，降臨死亡因緣。剎那之間，猶如旁生，不知生起一切變化，唯寂止態，分明示現，示現佛相、魔相，彼相續中，智慧神通等等，於不悟中，示現而生。若貪執根，得以變化，為床榻廣修，是去追求之因。

修心筆錄

此諸虛假姿態，己所見罪惡，而作決定，應該戒除，不粉飾己過。復次猶如一切苦樂姿態之畫，生出之時，應了知其不真實，無礙尋思，亦非修行。了知不真實自性，若姿態現時，自己掩飾，猶如薄霧輕煙，消散

157

虛空。眾生圓滿後，形狀猶如輕煙，消散而去。如是而言，若尋思寂滅，則如大江煙雲而散。帕當巴桑傑曰：「尋思斷滅，如水而漏，而今估價，不住於攔阻之體腔。」大鄔金上師曰；「如若多知修持，而已壞滅，則我而無。」從舍念思的一切戲論，僅無定準，無執著中念誦者，為殊勝關鍵。如是所言，秘而不宣。

(3) 講授真實行持方法：

復於有時，自己顯現義的密嚴剎土，是為口訣，復次嗟乎！於無量劫前，集結發願，福報之時，由福報俱足諸人，如願往生一切虛空，證得智慧佛位，則應於時和一切種相中，恭敬勝解上師，於師門徒眾，親切淨相，悲憫有情眾生，修命無常，不是沒有之法。

(a) 依止道的根本善知識而修心：

道的根本，唯依止善知識而取其精華。簡言之，上師是諸善巧，應常依止。若謂何故？因善巧功德，從此生起，猶如病人身體，醫生治療。應不怠懈，依善知識。於此，依止上師者，作為一切法和一切先師，唯有真諦法界勝義，於上師中，示現分明，此為從善知識的快捷方式引導。一般為三昧耶誓言灌頂，補足衰退，心相續中，而證解脫，由教授口訣的六軌範師，而作講

解。由於一切成為對一般上師的無限恭敬承事，唯有得到有恩德的軌範師，猶如勝生親教師和於法門引導之軌範師，包括三昧耶誓言。受灌頂者，以三昧耶誓言灌頂之軌範師，變成墮罪懺悔處。補足衰退之軌範師，如傳法者。心相續解脫之軌範師，傳授口訣。此為所講口訣的六種軌範師。

　　這分支中，能成熟自己，對己引導而證解脫，所教口訣而賜，智慧含義，分明示現。而傳法者，為一切上師體性，彙集於此，由是唯有如法以所講而依止。從三門真實不虛，於上師中，一切歡喜而修，敬信相續，極為重要。似以即彼有三恩德的上師，為真正的鄔金上師，應從心想，恭敬勝解，樹立根本心性。於所住時，修上師頂門，行走之時，修上師右肩。睡眠時，修上師心際，飲食之時，修上師喉際。祈請所依，行於周圍之處，自證光明體性，積集資糧田，不離四智慧俱，而作恭敬皈依、祈請。心相續中，智無分別，強制遷轉。知貢嘉巴上師曰：「上師四身，於雪山中，若未升起恭敬勝解太陽，所賜水流不能降下，則於恭敬勝解中，認真而修。」如是修殊勝上師，祈請灌頂，心融入者，為生起道，一切成熟圓滿。為唯一共殊勝悉地無餘證得中，

修心筆錄

而修的甚深快捷方式，極為希有。

阿底大莊嚴經曰：「修所有十萬佛身，生起殊勝上師於自己心中，因念修三世諸佛，念修上師而不止二十萬遍。總之，刹那亦不做上師不歡喜之事，從三歡喜門，而聽一切教授。一切歡喜之內，如心歡喜，往昔所造一切業和雜染、習氣，而能盡除。福澤、智慧二資糧，猶如大海之門，刹那可以協調。由於盡力修持承事、傳承，而能說法。由於通常身、語、意承事，三門之障，由力淨治。最後以財之喜，二資糧充滿哲卡㉓，殊勝三昧耶誓言，相續不斷，願望成就，俱敬信者，從成就上師歡喜而生。」上師不生歡喜心之罪，《大幻化網》所云：「辱罵詆毀上師，因擾亂心之罪過，外部大海，海水以聲宣示力量，此範圍中，經受苦厄，消散於金剛地獄。」懺悔之法，從自我生，師授三昧耶誓言，如若壞失，應作廣大會供輪，於金剛師兄弟中，如是而作，以師歡喜之財供養，財物彙聚，一切而有，殊勝而供。以會供輪和酥油燈等補足衰退之後，於一切歡喜地，供而懺悔，身如有罪，於上師前，強制以身而祈，如語有罪，上師功德，傳揚四方，如意有罪，應有恭敬勝解功德，修持禪定等持為主。懺悔罪過範圍；若俱邪

講授善的內容含義

160

勝解，七次欺辱上師，或十次欺辱上師，皆由懺悔盡除。如數年過去，而不淨除，則訓莊嚴三昧耶誓。若以罪過之人，對著上師七次懺悔，或者十次懺悔，於淨除中而悔過，皆由懺悔清除罪過。如若自己一年過去，不悔罪過，則於懺悔之處，金剛薩埵不賜教言。」一切時中，若上師失誤，應不起分別心，應記憶上師功德。猶如病人，而依醫生，往復沉痾，而得解除之益，則憑身、語、意三者恭敬，不能動搖。應真心實意，禮儀侍奉，願以臂肘，緩緩而依，因渡過輪回苦厄之河，常常而取一切講授，猶如商人憑以商主。以願解脫，而道真實，上師之意，能作執受，能真實不虛，了知三寶九次拔濟體性。信不退轉，而作依止。聲應成經云：「此依止功德，為如意樹，為如意摩尼。」如同如意，得無量功德。於此目的，依止上師，淨除輪回戰場爭鬥。

b、師門情深，淨相修持：

師友中關切，淨相修持。於金剛兄弟中，亦應內外區分，因如來藏周遍，普通師兄弟，進入佛教。長久師兄弟，可入金剛乘門，親近師兄弟，可由一上師招收，視上師如父之師兄弟，可集一壇城，視壇城如母之師兄弟，能依上師壇城，和合之兄弟姐妹，猶如學生。此

161

諸一切關切友愛，形影不離，唯有利濟，增上意樂，相續不斷。則於未證菩提之中，應予相伴，若關切和持三昧耶誓言，減少壞失，則不會漂泊非處。由是，應精進關切，持三昧耶誓言，是應於勇識、空行自性，信而淨相，相續淨治。

c、修悲憫有情：

修悲憫有情眾生者；三界一切有情、父母，無不變化，是諸一切，於不能忍受的地獄中，而無一點樂的機會，苦厄常逼，強烈渴望悲憫之門。為了求得解脫和一切智慧果位，而應修悲憫有情。總之慈、悲、菩提心三者，如若離開，以上其他，如深遠道。於是，了知一切修持之義後，應如理而修。

d、修有為法無常：

應該常思一切有為法，而無常性，常思男子之中，不離死的自性，不定何時而死，定無死緣，無常之態，各種各樣。死者，從心回憶，一切諸時，怠懈、懶惰。怠懈根中，僅剎那間，亦應捨棄，三門無暇，精進修持。現今修法，則有自主，有取捨目的。於此死的方法真實不虛，若修持無力，包括何時病死，修時才不盲目，是應了知。捨斷輪迴活動之後，住於無行，為一切

講授善的內容含義

無上妙法。明白口訣，而不斷食，對上師無上承事，則三昧耶誓言，真實示現，佛和護法神魂石，彙集人生法中，是於死時，而心無餘之三關鍵，視三昧耶誓言和律儀猶如生命。修守護者，尋常不追求之關鍵及五門中，生起妙欲，一切受用，神志猶如昨夜夢境，穿衣不拘美醜，僅能遮體，食物不拘多少，僅能活命。知依止者，身處惡境，不暈頭轉向，輪迴活動中，則知心僅如芝麻大小。調伏怨敵，護佑親友等等，貪瞋愛憎，斷除執著。世間活動，應知回來之時和不存在之時，猶如香氣彌漫之畫，無有止境。諸妙法於開許之中，人壽不盡，從心思內縮短。若疾速於修心之中，精進努力，為惡行終結。彙集口訣，以彼輪迴之事，而作執受，最後彙集法、行、思之後，於未修法前，為魔存在，如是不修而入法門。以上而死，為不究竟，而無鬆緊、弛張。三門鬆懈，而於無有法的根中，剎那不捨，不分晝夜，清淨而修，任運成就。一心破除執緣，意志堅定，而生堅忍，甚為重要。

如是人生法中，彙集識見卓著者，及彙集法的一半普遍者，最下等者，數月之中，應該修持。一點未修者，為無頭腦，猶如白癡。除此而外，無有要點，是為緣份已

斷。觀我以前，虛度人生，現今壽末，如雲中日，猶如直對。解脫起點，若不執受，暇滿人身，屢屢不得，難遇合格上師，難遇甚深教法，微細伺察，教訣不入有漏煩惱，合格上師，當之無愧，真實現於三昧耶誓言。與佛護法，當之無愧，彙集人生法中，死時而心無餘，應無愧於己。現今二義，一切方面，證得威猛，俱清楚受有。亦復傲慢，無畏勇氣，猶如盜匪和麻風病人，應置不毛之地，降於惡境，惡緣之上，生一切苦厄。心的勇氣，如夢如幻，從了知之況，猶如瘋狂、驚詫，有的則出家為僧，去往別處，是為山中隱士，憑以謊言，欺哄詐騙，掌大家宅，活動運籌，誤入岐途，去世之後，禍殃極大。尊者而言：「佛徒若山中不證，從此禍殃極大。」復有些人，執著於年老僧人，超薦亡靈，聽任護持之力，自以為是。憑以亡人屍體，積攢錢財，依然花銷，將盡之後，自以為善。接受資財的上師，猶如方便接受的盜匪二者相比，因思想行為相同，則化為極悲之境。因此，自己抉擇，自己把握，今後大事，修持之中，應疾速精進。

(4) 講授到達究竟果根本解脫地：

a、公開講授到達究竟果根本解脫地的情況；首為梵行，是成佛根本。開始應依止性相俱足之金剛上師，從

講授善的內容含義

聞其智慧門而悟。其次相續觀察，達到感受。從心智之門而悟，最後從即彼證悟逐步融入之門而不動的四定見為解脫範圍。僅以非如是智慧和證悟，不得解脫之況者，猶如唯有堆成山食物，如若不吃，而不能飽。九事盡捨，所修智力，自己如此持者，猶如天亮之時，不現黑暗，明遍佈虛空圍繞，不斷增長，為自己正好證得之定見，由此證覺，而不變化，有法示現，於法自性，遷轉之中，利濟輪回之處。二取所執，直接解除之後，散滅於自他相中，貪瞋、執疑之執壞滅，從無明境清醒之後，得自性空之目。由於我執根斷除，執著心已盡。已盡二現尋思，生死涅槃一切平等展開。這時，身如屍林人屍，殺生鬼卒，大約百餘，而無怖畏，如語回響。彼隨之反覆念誦，語的氣流自然發出，原地釋放。猶如心思彩虹，散滅虛空，有法之相，法性中淨，輪回現心之垢，一點亦無，從一切法界大融合中，清淨離戲，廣大無邊者，為到達解脫之地。此時三量，從殊勝夢境光明之中，清醒之後，晝夜光明圍繞和合。一般夢境，認識之後，示現神通變化。最後，逐步而斷惡夢，所見諸佛剎土，壇城結集。其他灌頂法會等等，能作妙善夢境，一切則屬業和習氣，相續不斷。

修心筆錄

165

或稱曰我法性盡，此為有法，為無盡法性的表露，或不執於我，所講為有之況，於無之中，能作有的形色假身者，是為無盡。以諸善巧功德，以經教理，生起辯論，因無可爭辯，到達爭辯頂點之時，由於仍有微細所知障力，時而虛空，猶如電掣，自己手指，如展開來，則現如前所講理論等等，而能轉化。從此之根，殊勝者七晝夜，一般者六個月，最次者一年之後，微細知障，會無蹤無影，遠離而去，清醒過來。以何智慧約束基位?則由盡所有可見之智，而於道中，控制之後，體性空法身，自性無礙大任運成就受用身及一切遍滿慈悲無礙化身，於三身平等展開大悟境，自利饒益，示現法身果位成佛。利他之中，以此色身，於三界輪回不空大受用身中，如若所住，從此則會一半化身，一半受用身，調伏有情眾生六能，從殊勝化身十二門，成佛之法示現者，猶如釋迦能仁。其他則如工巧化身，人生化身，色法化身等等，示現相應調伏，饒益廣大有情眾生，而起作用之二利究竟之佛，可作示現。如是瑜伽行者，命終之時，二種光明密集，進入日月羅睺之口，六種地震，五種吼聲，等外表相。內相顯現，現出遺骨舍利等二身後，成佛之相，無不俱足。現出圓滿，是為成佛，身體

講授善的內容含義

遺骨熾燃，心力極殊勝者，即彼迷失相中，四大去於原處，於體性果中，有漏蘊不現，僅此變化，果自明白。如是外表諸相，若人脫離苦厄，身和遺骨，唯有光、聲化為地震。《金剛明鏡經》云：「真實圓滿而成佛者，示現光、聲、骨舍利、地震等等。」

b、附帶講授辯析懸結：

辯析懸結所現之中，心和明、意和慧，識和智，阿賴耶和法身分別，共有四種：

（a）心和明的分別：

善男子！是為無明，積累甚多，心中亦為迷惑執著心，求道破立心，智外現心三種。

第一為有情眾生，平常求道和道的主體諸門，而無所見的有情之心。第二為以心觀心，以尋思觀尋思，以智慧觀尋思，以心改變和取捨苦樂。僅只引發者，名曰求道，以心修道。第三為心的尋常處智，領悟無礙，示現作用。復次，因觀不悟作用，外表之相無記，因認識相，而有認識。內自身中，因無記而自相續執著，不超越世間，其名曰心。

總之，基位狀況，為不辯識性相，由愚癡自性力，變為種種尋思。升起之處者，因為心有生滅，由念轉

移的尋思，執於境而變成根所，為心的性相。此體性而
不可見，尋思力之八識心田，而有心所，展開之相，是
世俗幻化，所見者，示現於基位。體性三身，一切相同
的範圍本身，遷轉於智力。大智慧者，為明性相，法身
基位，猶如所住之明邊際解脫。廣大本性離戲，於身智
空性內心通達中，基位之相，即彼能依上師殊勝口訣。
因基位法性之態和諸多原因，空明彙集無為，任運成就
明淨離垢，能示現大光明者，是為明道智。如是基位，
光明示現，而道究竟控制力和圓滿二者和合位之範圍展
開，為智慧大圓滿果之明。此體性身，以三身形式，智
慧力為勝義化身。

(b) 意和慧的分別：

意和慧的分別，為尋思活動。意為心自性光明，尋
思各種變化處，於基位中而作變化。此者，一切顯現於
內外情器世間，作用於心思無礙，意和此中見、聞、
受、觸顯現處，六境之門無礙，一切顯現境，能取各
異，是所講意識。慧者，於一切生死涅槃大空性中，彙
集菩提，猶如一切天性，處於智和明中之慧。所言法身
如來藏本性，因無遮放任之心，不沾染尋思垢，空明離
執，自我分明示現智慧升起之門，無礙示現道慧。此二

講授善的內容含義

168

者平等展開，於時和合中，一切遍及之慧，其稱曰外延之慧。

(e) 識和智的分別：

識智分別，其名曰妙欲智。識者，為心中妙欲顯現處之顯現境，明淨分支，領悟無礙，自然而有。如進入各個根道，所處之境，取無分別，從各個根門近處而返，觀的方法中，如有返回，色、聲、香、味、觸顯現處，五門之識，顯現之中，因執著於各異事物，乘風之後命名，能執於顯現義，意識和識，因先後粗細，時和合，一切運轉，是為存在。智者，猶如法性如來藏三身平等展開之大範圍，一切姿態，光、身和智道果天性，作用於識，所見基位狀況。一切之智，如同法性、本性和一切空性，伺察之中，不離開明、自我體性，唯圓滿力於道時，而知諸法一切性相，除非生死涅槃諸法，於明自生化身，而作證悟。光明升起之門無礙，一切所見智，如是智見之智慧體性，最初清淨，於生死涅槃中一切平等幻化，法性離戲，其稱曰清淨平等性智。

(d) 阿賴耶和法身的分別：

阿賴耶和法身的分別中，是基位之內，從未所見之等等妙善。阿賴耶於基位之內，大法身的若干自我展

修心筆錄

示，因無明障礙根，基位無記，猶如酣睡之時，展開作用之心思障礙。此之狀況，猶如廣大無邊，到達頂上的阿賴耶及驟然分明顯現的阿賴耶，為阿賴耶識分明示現中的無尋思分支。從此阿賴耶範圍，猶如各種夢境所現之相，從阿賴耶寶，因業風吹動之力，顯現諸種升起心思，為一切輪迴的體性和根基。如是阿賴耶體性無明，示現形式，心生之力，是為世俗化身彙聚之一切法。

法身者，則由基位如來藏四身五智自我性相，明一切法空無我，生死涅槃周遍大主宰之態而作示現，執著於有法之相，唯有於此辯識入於法性離戲生死涅槃的一切大平等中，唯有不染心感受之垢，所見陡然而淨。然而，放任自流，漫不經心的原因，從此不變，僅只行為而已。如是法身普賢如來，因一切過失功德而無變化，三世一切不變，名曰法身。

c、勝義、世俗二者集要：

復次勝義、世俗二者彙聚之要點，善男子，是名水月，於明淨水中，猶如星曜和影子示現，一切亦為水的幻化，不離水的本身。猶如情器世間之相，廣大眾多，猶如虛空幻化，從虛空而不脫離。猶如生死涅槃彙集之一切法，廣大眾多，不脫離一切心性如來藏的幻化，同

於基位，不離基位法性。基位法身，示現甚深大光明時，體性生死涅槃一切平等法身，猶如自性智慧受用圓滿身，基位現分無礙，住於二門，生起六義，悲憫自我示現。離障蔽分支中，化身及此之體性法身，一切種相智，作用智，勝義化身，於基位清淨體性和天性無明之體性無記分支中，阿賴耶和體性無明展開之相，生起心力，名曰世俗化身。

　　究竟生死涅槃大法性包容之況者，水中星曜，最勝精力，水中一切星曜，由水包容。器世間和有情世間，一切由虛空包容，示現生死涅槃，廣大眾多，由基位法性包容。獅子一切之力，則於普賢佛母生處，廣大悟境之中。萬物生死涅槃五大精華，從一切所行包容。如虛空性而無所不住，由菩提心廣大悟境，住於佛和一切有情眾生的情器世間。幻化者，為星曜大海，猶如情器世間虛空幻化生死涅槃之法。太陽幻化，遍及周延者，情器世間虛空，猶如星曜大海遍及周延，由生死涅槃基位遍及周延。此諸原因，猶如由基位法性，展開之自性、本性、空性之中，而作辯識。法性之態不變，住於自己附近，降臨於心性。安立者，為心性大安立。因執著心離開精進，心大超越。因不改變，漂泊原處，此是為大

修心筆錄

疏忽。總之，若無辯識，離開符號、語句之道的法性，則一切而非。於離開大詮釋狀態，應該念誦。本性藏曰：「無名離戲，廣大悟境，萬物生死涅槃之一切法，應作念誦。」誠如是言，明之最初，從離戲狀態，生起生死涅槃之一切法，最終於此念誦。應成而曰：「唯解脫地，是為開始。」誠如是言，一切大智慧於不證得中，應從毫不鬆懈，精進猛厲之門，於石洞中隱修。與明、智者為伴，口中食者，是為樹葉，內心專注，祈求於法，專心於乞丐窟內而死，專注死洞荒窟，專心修持者，包容殊勝關鍵。如是而言，法界廣大無邊。

講授善的內容含義

講解最終善的結義

修心筆錄

最終善的結義，亦為如是，是法最初強行而教，善哉！以眾生對佛盡善恭敬、侍奉頂禮之義，是諸一切法，唯願繁榮昌盛，所住之方向、時間、階段，一切吉祥！如是之義，願吉祥！

頌贊曰：

如是無邊甚深密精華，

一切殊勝口訣大圓滿，

而非共同終生解脫道，

傳法持明上師諸教言。

專集不同大藏上師尊，

怙主密語精華大甘露，

我心蓮花吉祥妙善升，

醫生恭敬意樂於教眾。

依舊言證親口教精華，

修持要點彙釋莊嚴文，

有緣無須精進今解脫，

諸眾有緣此深道威力。

唯有剎那圓滿證成佛，

憑以遍智佛之密咒洲，

普賢心教一切所執持，

講解最終善的結義

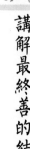

174

一切光明淨眾生愚癡。

一切蓮花光中作接引，

輪回之始我等變化後，

唯願師徒一心證悉地！

佛教十方繁榮永昌盛！

佛王蓮花自宗法精華！

唯願一切國土永繁榮！

如是我等，殊勝教法，如若所講名號困難，如若所講結義，則由一切最勝怙主，智慧伏藏上師蓮花事業連接力（此處指心傳弟子無垢光尊者）慈悲開許，賜與珍貴教訣。猶如大海極熔甘露諸義所講，依照教理等戲論道，不馴服地親口相續承傳開許，毫無謬誤，真實不虛，而作傳授。僅以伏藏教法，讚頌業印，分支而持，使所有世俗弟子，得以行于大樂平安金剛道。由普賢樂護自在佛母，以彼饒益之心，而作領悟，莊嚴隨文逐句作出簡明注釋。文字順緣，執受所有殊勝教法。由法主次赤多傑（戒律金剛），或云智仁比多傑（明遍成就金剛）而著。唯願方向、時間、一切階段繁榮昌盛，薩爾瓦芒嘎拉木。

即此筆錄，昔前僅由嘉傑仁波且審訂注解，進行講

v授。能依尊者本人，到達藏土住時諸多緣份，身平等無別時，由阿傑本•久美次赤和自修諸眾，為了歡喜解說，於講授中，唯有確切，極為需要。能依如是追求，包括前面尊者，親口是諸所講，而作補充，僅只明白登載，由我而著。

瑜伽行者劉兆麒譯于寧瑪精舍

西元二零零二年

講解最終善的結義

《淨相中觀釋疏》出版説明最潔旭光

修心筆録

無垢光明花蕊綻開中，

希有相生威光燦爛身，

普佛彙集於海生金剛，

文殊怙主無別我恭敬！

　　如是頌偈，面前迎請。復次伏藏飲血伏魔金剛（鬥君多傑）本生，簡略而言。於前世時，由法身祖師大金剛持，所教利樂有情眾生，於調伏境，站立有形色身，其名稱曰自在瑜伽威猛金剛，以即彼名，千佛灌頂，授權三界法王，饒益有情，發大誓願，而有千佛緣教法。未圓滿時，從我殊勝化身，相續生起，無論何處，亦作調伏，唯願利樂有情眾生，發揚光大。所教清淨誓願威力，每時每刻，百餘化身輪流，而作利樂有情事業。我等宏揚之時，而有化身，聲聞舍利子，及其以下持明大吽（）字杆，牧區僧童、譯師、杆頂如來，於裂開虛空，黑如迦法源，猶如往昔持明伏魔金剛，伏魔神變力等化身降生之況，承諾而教，利樂廣大有情。此後，五濁惡世，於雪域境，復化人身，教授蓮花生曰：「聽吧！空行智慧海勝，往昔淨治，而有餘者，於藏境安多、康區，僅有密咒教法。無盡日光，旺盛之處，微有調伏。」自己觀殊勝日光之軌範師曰：「如若離開自

《净相中觀釋疏》出版說明最潔旭光

178

在自主，以有效瑜伽金剛祈願力，而作調伏。調伏力者，則由持明伏魔具德金剛而著，則無其他，植於即彼色身。」如是授記，包括由父阿嘉智伊絨之佛父阿旦和包括母莫擦嘎伊絨之優波佐二人之子，於勝生十四年（木羊年）（西元一八三五年）酉月十日晚，於牛毛帳篷內外，虹光瑩繞，虹光鑽入鼻等希有瑞兆而降生認定，於一切有情分位究竟，利樂有情眾生而證解脫。最初降生，五歲之時，猶如空行母愛子，而作撫育。貴庚六歲，由三根本上師照管。十七歲後，所見二諦相空法性示現。廿一歲，猶如甚深大海，內臟示現。三十一歲時，種種之相，一切照見，廣大無邊。三十八歲，果相成就，證得無量果位。五十五歲，而作事業誓願。從有緣者，繼承之相，非想而現，廣大利樂有情事業。最後於勝生十五年（水卯年）（西元一九零三年）十一月八日，色身莊嚴，眠入法界，示現涅槃。遺體火煙之內，身不示現，而語和雅，諸殊勝徒，則心安慰，一切教法，未來授記。以照見天鐵作成之五鑽杵降下，希有遺體瑞兆，示現殊勝等等伏藏自我形相。法性幻化示現於道，密相生起所言證悟明鏡。

　　所持講授，弟子傳承，所授之法，而作授記。最勝

者，為你和密主我，無二之金剛語，三句傳承以內，教訣深廣，相續不斷，示現百位虹身持明。如是伏藏主伏魔金剛上師，親教之中，則有十三人虹化成就，二十八人為甚深藏法主，十六人證得殊勝悉地，百人現證密意，正中解脫種子者千人，與法有連接者十萬人。如是而有，有名成就之徒和極成就之徒。與連接之有情眾生，廣大無邊。猶如伏藏之內，身、語、意、功德、事業、相續之法。受持之成就徒，以語自在事業為道之滿願比丘（熱貢更登仁波切），持橛金剛尊勝（普妥巴多傑南嘉）等等，不退轉依怙洲化身（嘉貢林哲）和月續方向的夏瓊格拉等為首，成為多數成就徒和極成就徒。藏境上、中、下三等級中，一般和殊勝密咒教法，樹立了講修生命樹。

嫡傳徒子降生之況者，授記而言：「你血統不空，殊勝持明不斷。」大空行母擦薩和索朗措降生二子，長者哆智久美•丹比尼瑪，次子擦智貝瑪多傑二人，作大成就依怙法主。次空行母格薩•桑傑措生三子，長子欽則伊喜多傑之化身劄林旺嘉，次子大持明化身米帕多傑，幼子為隆欽巴化身智美敖賽三人。小空行母阿嘉薩•格桑卓瑪生三子，長子為伊欽阿榜大人物之再化身智格拉哆，次子為劄巴智格再化身南開久美，幼子為秘密主的化身

多傑紮哆諸眾者，為八大菩薩化身，其聞名於近侍八大弟子中。復次伊喜多傑再化身乍林旺嘉子之徒宗帝格桑尼瑪及他的弟子喜饒妥美、敖賽寧波、林智多傑、蓮花乘喬嘉參等四化身降生。心傳弟子智美敖賽之徒嘉色索朗德贊及他的弟子嘉色丹正旺嘉和化身燕帕尼瑪、智慧化身旺洛三人降生。吉祥化身南開久美之女徒弟格桑旺姆，拉旺哆嘉之徒卻智扎波、智旺達巴、貝瑪隆多嘉措三人降生。伏藏弟子多傑紮門之徒、化身旦增尼瑪和嘉薩阿格等二位善巧成就之家族傳承，掘藏弟子、再傳弟子、女弟子等佛徒，皆為菩薩化身。諸眾降生，總持佛教。依照別殊勝密咒初譯寧瑪事業，伏魔新伏藏甚深法之講、修、法、著，於藏境上、中、下三者差別之中，而能滿願。青海、巴那、果洛、色達、霍爾㉖、達吉等地方。其他如拉薩、貢布。此後於印度、尼泊爾。今世以阿美利加洲為首的許多外國所象徵之諸有情成熟解脫道中，而有行者莊嚴修持。

伏藏飲血伏魔金剛法語，為道理自生續，智慧敏銳續等講義、修部、授記、解脫、道歌、親訓等一切部諸住。伏藏之身、語、意三者化身中，神變化身、離怖畏化身、智慧金剛及意化身佛徒索朗德贊，語化身宗帝

181

格桑尼瑪三者。由身化身中，化為伏魔離怖畏伊喜多傑（西元一九零四年至一九八四年）所著經函二十卷，他編纂之後，公開出版發行，住於有情眾生吉祥！善哉！

這次出版之《自性大圓滿不修佛教訣》，由具德上師親口相續直接講授，並且隨文逐句作出簡明注釋，詞義莊嚴，十分清楚，有緣份者，莊嚴信受。所以署名《修心筆錄》者，為伏藏飲血伏魔金剛親自傳承之《自性大圓滿當面現證不修佛教訣》名稱之語密精華滴。即此一切伏藏心傳弟子，於無垢光之能持和徒眾殊勝中，化為大樂，由帝哇多傑或威薩空行母，於自利利他中，言簡意賅，歡喜信受，伏藏上師親自講授，如語無垢，莊嚴筆錄。

伏藏飲血伏魔金剛法語，因是九乘頂首，是為密乘大圓滿密意精華，唯要點彙集。於此，《伏魔新伏藏》如是降臨此諸法語，書中彙集。為了編輯需要，為了一切有情眾生平安吉祥，速證究竟圓滿佛果。《伏魔新伏藏》法語中，安排了第一冊《內修中觀釋疏》。

> 九乘頂首光明大圓滿，
>
> 不修佛而千百空行現，
>
> 憑以忿怒相現伏魔洲，
>
> 言教甘露有緣者吉祥。

《淨相中觀釋疏》出版說明最潔旭光

182

原始怙主普賢王如來，

心之所授大樂空性法，

真實護法佛母空行母，

金剛尊者釋疏花降落。

無淨處義事業而示現，

清淨無生界內見淨治，

自證法身面前而示現，

甚深教訣今世解脫法。

五濁惡世重重黑暗中，

密乘精華旭日十分明，

賢劫士夫易修之口訣，

有漏堆垛化無漏虹身。

是善增長世世代代鬘，

憑以殊勝上師繼承佛，

斷證功德大海自在後，

唯願佛教而作利眾行！

修心筆錄

注 釋

①入楞伽經：元魏時菩提留支譯成漢文。共九卷二十八品。郭法成復由漢文本譯成藏文。

②無記：指佛不置答的十四種邪見問難；依於前際之見四，依於後際之見四，依於涅槃之見四，依於身命一異之見二，此十四問，立言之處本不存在無，所言之事即不可得，故佛不予置答。

③心性法界竅訣三部：舊密大圓滿瑜伽乘，內分三部：安住心性部，無為法界部和甚深竅訣部。

④嘎若扎：梵音譯作羯路荼，實為金翅鳥之義。

⑤取蘊：又名為近取蘊，有漏蘊前一業煩惱之取因所生，而又為後一業煩惱之取因，故名取蘊。

⑥黃水：存留於關節、眼部及皮肉間之血液沈澱於膽汁精華所生赤色稀薄粘液，此量過多過少則轉成黃水病。

⑦我所：指我所領有的身內外一切事物。

⑧阿闍世王：意譯為未生怨王。古印度摩羯陀國頻婆沙羅王子，在位第八年，釋迦牟尼佛入滅。此王為第一次集結之施主。

⑨多羅樹：棕櫚科植物，樹梢斷後即不復生。

⑩念青唐拉：在西藏中部納木措湖的南沿一帶，海拔7111米。

⑪臘縛：指極短暫的時間。

⑫死有位：剛舍今生身命或臨命終時的身心。

⑬希瓦拉：譯言寂天，西元七、八世紀時，古印度一佛學家名。為印度國王善鎧之子，幼名寂鎧，於那爛陀寺出家，著有《入行論》及《集菩薩學論》等。

⑭糖煨：可以煨物使熱的灰爐。

⑮共相：概念共相的一種，但存在於思維過程中之增益部分，心中現起的外境形象，如思維所現抽象之瓶。

⑯捨身：以自己肉身作為上供下施物品。

⑰薄伽：因薄伽梵曾安住於彼地，故名。

⑱梢頭軟骨：小腿骨末梢及肋骨末梢等近所有帶脂肪的疏鬆軟骨。

⑲業行現分：業力引發的生死輪回不淨現分。

⑳熱穹多吉紮巴上師：（1083－1161）簡稱熱穹巴。生於後藏共塘地方，十一歲起即從噶舉派米拉熱巴學法，後兩次赴印度，從底普巴和瑪幾珠傑等學完無身空行母法，復返藏傳給米拉熱巴，離師雲遊藏區南北各地時，居住涅•洛若最久，曾廣收門徒傳授教法，並講述道情多

種及米拉熱巴生平事迹。

㉑迦瑪拉希拉教授：譯言蓮花戒，約於西元八世紀出生東印度，是瑜伽行中觀自續派論師。應吐蕃王赤松德贊之請入藏，以菩提薩埵等人所持漸門之見，與持頓門之見漢僧摩訶衍進行辯論，獲得勝利，著有《修道次第論》三篇。

㉒新月：（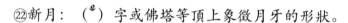）字或佛塔等頂上象徵月牙的形狀。

㉓薩樂和：古印度一婆羅門名。最初弘揚大乘密教者，是龍樹論師的師父。

㉔帕當巴：又名帕當巴桑傑，南印度人，少時精通聲明一切明印，從毗扎瑪羅屍羅寺（超岩寺）的主持善天論師出家。依金洲大師發菩提心，廣參善知識得受灌頂，持三種律儀，曾五次到西藏，為希解、覺域兩派教法始祖。

㉕哲卡：長一尺多，寬不足一米的西藏單張土紙的計算單位。

㉖霍爾：指四川甘孜所屬道孚、盧霍、朱倭、甘孜及東谷等五地總名。